111 Gründe, eine beste Freundin zu haben

Victoria B. Robinson

111 Gründe, eine beste Freundin zu haben

»Ich bin so froh, dass es dich gibt« – Eine Lobeshymne auf die bedingungslose Freundschaft

Schwarzkopf & Schwarzkopf

»Ich bin mein Sister's Keeper,
behüte meine Schwester,
ich bin mein Sister's Keeper!«
Brothers Keepers, Sister

ISD SiSTARS rock!

INHALT

5. REDEN & KOMMUNIZIEREN

6. CHILLEN & ABHÄNGEN

Für meine Baby-Girls
Adeola, Emilia, Naima, Alli Zoelle und
Zoe Delphin und für ihre wunderbaren Mütter.

Und ganz besonders für Ralph Kipkemoi Henke,
der fast schon als beste Freundin durchgeht
und in jeder Enzyklopädie unter
»großartig« zu finden sein sollte!

Statt eines Vorworts:

Mein ganz privater Grund

In meinem bewegten Leben habe ich bisher vieles ausprobiert: Städte, Länder, Jobs, Männer, Instrumente, Klamottenstile, Musikstile, Sprachen, Sportarten (von Cheerleading bis Kickboxen), Ernährungsarten (fränkisch-fleischig, pseudo-vegetarisch mit Fisch, vegetarisch, vegan, Rohkost und ungefähr alles dazwischen), Studienfächer und Beziehungsformen. Dabei habe ich es meist erfolgreich vermieden, mich auf irgendetwas langfristig festzulegen. Auch mit Familienmitgliedern habe ich bisweilen monate- oder sogar jahrelang Funkstille gepflegt.

Im Grunde gab es eigentlich nur eine permanente Präsenz in meinem Leben – und das schon von der ersten Grundschulklasse an: meine beste Freundin. Eine besondere Frau, die mit mir zusammen größer, älter und irgendwann auch erwachsen und dabei immer reifer geworden ist. Eine Frau, mit der ich Geheimnisse geteilt, Experimente ausprobiert und unzählige Fehltritte überstanden habe.

Und auch jetzt, als Frau mit einem Glücksfaktor, der wahrscheinlich weit über dem deutschen Durchschnitt liegt, teile ich wahre Intimität nicht nur mit meinem Partner und meinem großen Bruder, sondern auch mit einer ganz speziellen Frau, die mindestens genauso seltsam und ungewöhnlich ist wie ich. Bei der ich mich deshalb also komplett fallen lassen und alle meine sonst so sorgfältig versteckten Schwächen zeigen kann. Und bei der ich mich auch für meine Stärken nicht entschuldigen muss. Mit der ich lästern und kochen, Pläne schmieden und Urlaub machen und irgendwann auch die Weltherrschaft an mich reißen kann. Und natürlich auch immer wieder den gleichen Film ansehen und dabei so richtig sentimental werden.

Eine beste Freundin ist durch nichts zu ersetzen und wichtiger als ein tolles Auto, ein schicker Mann oder ein schnelles Boot. Mit einer besten Freundin kann man sich das nämlich alles nach und nach besorgen. Und man hält es auch gut aus, wenn irgendwas davon erst mal nicht klappt.

Männer tun mir oft ein bisschen leid, weil sie nur in seltenen Fällen jemanden um sich haben, dem sie nichts vormachen müssen, zu dem sie nicht in Konkurrenz stehen. Andererseits haben sie es wohl auch nicht anders verdient. Oder sie haben es bisher einfach noch nicht so richtig mitbekommen, wie wichtig und großartig intime Freundschaften sind.

Dabei haben viele von uns Mädels nicht nur eine beste Freundin, sondern gleich mehrere – jeweils eine für bestimmte Zeiten und Lebensbereiche. Oder auch an den unterschiedlichen Orten, an denen mobile Frauen heutzutage ihr Leben verbringen. Und das ist total in Ordnung. Beste Freundinnen sind nämlich nicht eifersüchtig, sondern freuen sich für dich, wenn du immer und überall gut aufgehoben bist.

Im Folgenden findest du 111 sehr gute Gründe dafür, mindestens eine beste Freundin zu haben. Ich bin mir sicher, es gibt mindestens noch mal 111, die teile ich dann in der Fortsetzung mit. Wenn ich weitere Lebensphasen durchschritten haben werde und aus eigener Erfahrung berichten kann, wobei die beste Freundin noch so hilft (von langjähriger Ehe über junge Liebhaber bis zu den Wechseljahren). Zunächst liest du, warum frau um die 30 so ziemlich ohne alles auskommt, aber nicht ohne eine beste Freundin.

Kapitel 1

IMMER WIEDER VERLIEBT

»Hundert Gründe gibt es,
weshalb ich immer verliebt bin.«
Ovid in ›Liebesgedichte‹

Grund Nr. 1

Weil die beste Freundin zur Stelle ist, um dir Dummheiten auszureden

Im Grunde denke ich ja, dass Ausprobieren immer die beste Variante ist, um herauszufinden, ob etwas passt, erfüllt, Sinn macht oder eben auch nicht. Besser probieren und dabei feststellen, dass es nichts für mich ist, als das Ganze nur in der Fantasie erleben. So lassen sich unrealistische Träume und Sehnsüchte entzaubern und sinnvolle Ziele und Ideen nach und nach in die Tat umsetzen. Doch es gibt ganz sicher auch ein paar Momente im Leben, wo das nicht die einzig richtige Strategie ist. Nach einer ausufernden Partynacht volltrunken bei einem Typ aufzutauchen, um ihn zur Rede zu stellen, ist beispielsweise nicht immer der allerbeste Weg. Es trägt zumindest nicht unbedingt dazu bei, eine Beziehung zu retten oder souverän aus einer Sache rauszukommen. Eher dazu, dass man sich hinterher schämt und wie ein Spinner oder Loser fühlt, auch wenn vorher eigentlich ganz eindeutig *er* derjenige war, der sich wie ein Arsch benommen hat. Plötzlich bist dann nämlich *du* die hysterische Verrückte, vor der man sich in Acht nehmen sollte.

Ich hab diese Erfahrung nur einmal gemacht, und das ist mir unter männlichem Einfluss passiert. Damals wurde ich von einem älteren Kollegen, mit dem ich zu viele Drinks lang unterwegs war, nachdrücklich dazu ermuntert, das Risiko einzugehen und es dem mich so sehr verwirrenden Mann nicht durchgehen zu lassen, dass er einfach schwieg und sich tot stellte. Das war natürlich 'ne ziemlich blöde Idee, aber in meinem angeschlagenen Zustand habe ich mich relativ schnell überzeugen lassen und machte mich dann wild entschlossen auf, um Klarheit zu schaffen.

So gab ich viel zu viel Geld für ein Taxi aus und klingelte kurz danach an einem alten Backsteingebäude in Ottensen Sturm. Es dauerte eine Weile, bis jemand die Gegensprechanlage bediente, um herauszufinden, welcher Irre da um vier Uhr morgens störte. Leider gab ich mich zu erkennen. Sprechen wollte er verständlicherweise nicht mit mir. Genauso wenig wie seine neue Freundin, die zufällig auch gerade da war – und offiziell natürlich bis zu diesem Moment gar nicht existiert hatte. Insofern hatte das Ganze auch sein Gutes, denn nun herrschten endlich klare Verhältnisse und kaum noch offene Fragen, außer: Welcher Teufel hat mich eigentlich geritten, mich von so einem Loser um den Finger wickeln zu lassen? Trotzdem wäre ich am liebsten vor Scham im Boden versunken und hätte diese Geschichte zu gerne komplett gestrichen. Aus meinem, vor allem aber auch aus seinem und ihrem Gedächtnis. Das geht natürlich nicht. Leider. Zumindest solange es nicht so ein »Blitzdings« wie bei *Men in Black* gibt. Also muss ich mit einer weiteren Erfahrung aus meiner unrühmlichen Vergangenheit leben. Und warum? Ganz einfach: Weil ich den falschen Trinkkumpan und Berater hatte.

Wäre ich an diesem Abend mit meiner besten Freundin unterwegs gewesen, hätte sie mich auf jeden Fall davon abgehalten, diese Aktion durchzuführen, zur Not mit vollem körperlichen Einsatz. Das habe ich bei meinen Freundinnen auch schon gemacht, wofür sie mir im Nachhinein immer dankbar waren. Zumindest habe ich ihnen das Versprechen abgenommen, wenigstens noch einen Tag zu warten, bevor sie Dummheiten anstellten. Weiblicher Beistand hilft vorzüglich dabei, nicht sofort auszuticken, sondern erst mal herauszufinden, was man eigentlich wirklich will. Manchmal geht es ja auch nur um eine Bestätigung, und die kann man sich an einem Abend mit der besten Freundin auch locker anders holen. Man muss niemanden involvieren, der einen ja eigentlich als coole Frau in Erinnerung behalten sollte.

»Liebe ist immer noch die anständigste Entschuldigung für Dummheiten.«
Horst Wolfram Geissler in ›Frau Mette‹

Grund Nr. 2

Weil die beste Freundin zur Stelle ist, wenn du Dummheiten gemacht hast

Nicht immer lassen sich Dummheiten komplett vermeiden. Vor allem, wenn frau sich auf Hetero-Spielplätzen herumtreibt und versucht, Männer in ihr Leben zu integrieren. Wenn wir es vor lauter Emotionalität beim Trinken, Schreien, Feiern, Hinterherlaufen übertrieben haben, dann hilft nur ein Mensch beim Wundenlecken und beim Verhindern der ganz großen Katastrophen und der ganz großen Peinlichkeit.

In der 6. Klasse hatte ich meinen ersten Freund. Auf meinen Zettel mit drei Ankreuzmöglichkeiten (ja, nein, vielleicht) hat er mit einem getippten Liebesbrief geantwortet, den ich heute noch in einem Album voller Skurrilitäten aus meinem Leben aufbewahre. Fortan galt er offiziell als mein Freund, auch wenn sich an unserem Umgang miteinander, der ausschließlich aus verstohlenem Anstarren aus der Ferne bestand, absolut nichts geändert hatte. Dann passierte ein Super-GAU, an den ich mich heute gar nicht mehr so richtig erinnern kann. Wahrscheinlich schlug es in mein Elfjährigen-Bewusstsein so furchtbar ein, dass ich es seither konsequent und unwiederbringlich verdrängt habe. Irgendetwas ganz Schlimmes, Unverzeihliches muss ich also angestellt haben. Und damit ich mich vor meinem Freund nicht zu schämen brauchte, heckte ich mit meiner besten Freundin einen Plan aus. Wir würden so tun, als wär ich es gar nicht gewesen. An meiner Stelle beschuldigten wir meine bisher geheim gehaltene eineiige Zwillingsschwester, die plötzlich in meinem Leben aufgetaucht war und in der letzten Woche meine Rolle übernommen hatte. Ganz im Vertrauen verriet meine beste Freundin ihm mein größtes und bis dahin total geheimes Geheimnis. Und zu meiner Überraschung glaubte er es tatsächlich und hatte gleich ein richtig schlechtes Gewissen. Er kam sogar zu mir an den Tisch und fragte mich ganz beschämt nach dem Namen meiner Schwester. Und seitdem weiß ich für alle Zeiten, wie mächtig man ist, wenn man eine gute Freundin an seiner Seite hat, mit der man die abstrusesten Pläne aushecken und durchziehen kann. Selbst Jahre später kann man sich noch gemeinsam darüber totlachen, was man früher mal so alles angestellt hat.

Diese beste Freundin rettete mich übrigens im selben Jahr noch einmal, und zwar, als ich mir einen zugegebenermaßen sehr gemeinen Aprilscherz ausgedacht hatte und einen der unbeliebtesten Mitschüler fragte, ob er mit mir gehen wollte. Nach seinem freudigen »Ja« kam dann mein »April, April«, und er wurde ganz rot und gab ab jetzt offiziell eine noch größere Lachnummer ab. Meine beste Freundin machte für mich PR und sorgte dafür, dass die Mehrheit es dann doch eher witzig als gemein fand. Wahnsinn, wie boshaft wir als Kinder zueinander sein konnten! Damals brauchte meine Freundin wahrscheinlich gar nicht allzu viel zu tun, um meinen Ruf zu retten. Aber auch heute würde sie sich voll für mich und meinen Leumund einsetzen, da bin ich mir ganz sicher. Allerdings mache ich es ihr wirklich nicht mehr so schwer wie damals, weil ich mittlerweile ein ziemlich entspannter und liebenswerter Mensch geworden bin …

»Man muss verstehen,
die Dummheiten zu begehen,
die unser Charakter von uns verlangt.«
NICOLAS-SÉBASTIEN DE CHAMFORT
IN ›MAXIMEN UND GEDANKEN‹

Grund Nr. 3

Weil die beste Freundin alle deine Männer und Frauen miterlebt und mit dir gelitten hat

Ob ich jemals einen Mann geliebt, gedatet oder auch nur gesehen habe, ohne einer Freundin davon zu erzählen? Das kann ich mir kaum vorstellen. Genau genommen ist das völlig unmöglich! Selbst bei dem kleinsten Flirt oder flüchtigsten Augenkontakt gehört es ja schließlich dazu, die Vorzüge und Nachteile eines möglichen Herzbuben gemeinschaftlich zu diskutieren, Strategien zu entwickeln oder sich über Erfolge auszutauschen und das Ganze entweder zu zelebrieren oder eben irgendwie durchzustehen. Oder aber sich hinterher die Wunden zu lecken und zu beschließen, sich *nie* wieder so dämlich zu verhalten. Das hängt ganz davon ab, wie es gerade gelaufen ist. Die beste Freundin freut sich mit, mosert nicht, wenn sie in der verliebten Phase plötzlich sehr wenig von einem zu hören bekommt, und ist dann trotzdem sofort zur Stelle, wenn man wegen ihm heult oder leidet und dringend ihre Hilfe braucht. Genauso verhält sie sich natürlich auch, wenn es sich bei dem Objekt der Begierde um eine Frau handelt.

Ich finde es aber auch immer wieder total abgefahren, mit meiner besten Freundin unser gesamtes Liebes-, Beziehungs- und Sexleben Revue passieren zu lassen. Und manchmal bin ich total überrascht, wenn sie mit voller Überzeugung Sachen sagt wie: »Na, bei dem war ja total klar, dass du ihn früher oder später verlassen würdest!« Ja? Wirklich? Und warum hat sie das damals nicht gesagt? Sie erklärt es so: »Na, ich hab's ja versucht, aber irgendwie wolltest du das damals nicht hören.« Hm. Ist natürlich möglich. Und von der besten Freundin kommt dann kein »Ich hab's dir doch gleich gesagt!«, sondern liebevolles Verständnis. Schließlich weiß ich ja auch, welchen Mist sie sich selbst zum Teil angetan hat und in welche Fallen sie sehenden Auges getappt ist. Und dann bin ich extrem froh darüber, dass wir uns auch in puncto Männer- bzw. Partnerwahl weiterentwickelt und ziemlich große Fortschritte gemacht haben. Es überleben eben nur die Besten. Die Fehlgriffe von damals würden uns jetzt jedenfalls nicht mehr passieren. Und wenn sie heute nicht hören will, dass ihr Partner doch keinen so ganz perfekten Eindruck macht, dann weiß ich, dass es nur eine Frage der Zeit ist, bis sie es selbst merkt und wir einmal mehr einen Grund zum Feiern haben: Nie wieder *so* einer! Wir haben ja mittlerweile auch mitbekommen, dass selbst die Erfahrungen mit den furchtbarsten Schwachköpfen uns irgendwie weiterbringen, weil es dabei immer irgendwas zu lernen gibt. Aber bis wir bei der einen perfekten Person angekommen sind, wünschen wir uns natürlich gegenseitig nichts stärker, als dass es mal klappt und dann einfach nur ganz, ganz, ganz großartig ist.

»Geduld ist das Ausdauertraining
für die Hoffnung!«
GERHARD UHLENBRUCK
IN ›DER ZWECK HEILIGT DIE KITTEL‹

Grund Nr. 4

Weil die beste Freundin das Verhalten von Männern und anderen Menschen mit dir analysiert

Männer sind ja oft nicht ganz leicht zu verstehen. Oder viel zu leicht, um mit unseren komplizierten Hirnaktivitäten und all den komplexen Überlegungen kompatibel zu sein. Die Herren der Schöpfung benutzen manchmal klare, harte Worte, verbunden mit ernsten und bestimmten Blicken. Zum Fürchten, aber eben auch nur fast. Und das alles, während wir zu wissen glauben, dass die total maskuline Fassade, die wir serviert bekommen, rein äußerlich ist und gar nicht wirklich viel zu bedeuten hat. Dahinter steckt unserer Einschätzung nach ein sanftes, verschrecktes Herz, das sich nicht heraustraut, weil es Angst vor Ablehnung hat. Nun ist es jedoch nicht immer ganz einfach, die wahrhaft ablehnende Variante von der gespielt desinteressierten coolen Fassade zu unterscheiden. Und hier betritt regelmäßig die beste Freundin das Spielfeld. Wenn er uns ein wirkliches Rätsel und damit eine außergewöhnliche Herausforderung ist, reicht es nicht, dass sie das analysiert, was ihr aus den Begegnungen und den Telefonaten und Textnachrichten, die sie mehrmals mit unterschiedlicher Betonung vorgelesen bekommt, mitgeteilt wird. Wenn es so interessant und wichtig ist, dann muss sie ihn sich live ansehen, weil sie ja alle entscheidenden Faktoren nur vom Hörensagen kennt.

Also zerren wir sie unter irgendeinem Vorwand irgendwohin, damit sie schauen, nachfühlen und abklopfen kann. Falls sie offiziell mit ihm zusammentrifft, darf sie ihm sogar unbequeme psychologische Fragen stellen. Und sobald sie sich ihre Meinung gebildet hat, gibt sie unauffällig ein Zeichen, bevor sie wieder verschwindet, weil sie ihre Katze füttern muss oder noch einen anderen wichtigen Termin wahrzunehmen hat, der sie zum schnellen Abschied zwingt. Oder sie hat einen anderen Spruch auf Lager, der einen auffordert, sofort mit ihr mitzukommen, weil sie gar Abscheuliches und Beängstigendes festgestellt hat, vor dem sie einen sofort retten muss.

Übrigens analysieren wir nicht nur die uns real begegnenden Kerle, sondern gerne auch Männer aus Film und Fernsehen. Ein wahrer Evergreen unter den diskussionswürdigen Charakteren ist »Mr. Big« aus *Sex and the City*, dessen Verhalten ich viel positiver wahrnehme als viele meiner Ladys. Ich bin eben der Meinung, dass die Frauen selbst schuld sind, wenn sie keine Position beziehen und sich zu viel Schwammigkeit gefallen lassen. Andere finden, dass Mr. Big ein gestörter Arsch ist. Die Wahrheit liegt wohl irgendwo dazwischen. Wenn man bei einer fiktionalen Figur überhaupt von einer Wahrheit ausgehen kann. Aber das wäre dann ein anderes Analysethema, das sich weniger für den Tratsch unter besten Freundinnen eignet. Dafür haben wir ja auch noch ganz andere Themen und Charaktere …

»Denn die Welt ist nicht geschaffen worden, damit man sie versteht. Sie schert sich nicht um Erkenntnis. Vielleicht ist sie sogar geschaffen worden, um nicht verstanden zu werden. Die Erkenntnis ist zwar Teil der Welt, aber nur als totale Illusion. Genau das finde ich interessant, denn es bedeutet, dass das Denken nur Teil eines Ganzen ist und dass es für dieses Ganze keine Interpretation gibt.«

Jean Baudrillard

Grund Nr. 5

Weil die beste Freundin einen Freund hat, der auch nicht besser ist als deiner

Mitunter kommen jeder Frau ja irgendwann Zweifel, was ihren Partner oder ihre Partnerin angeht. Soll das jetzt tatsächlich schon alles gewesen sein? Soll sie sich *damit* ernsthaft abfinden? Mit dieser Situation, dieser Person, diesem Leben? Soll sie sich voll reinstürzen oder lieber ganz schnell abhauen und schnellstens nach etwas Besserem suchen? Gibt es überhaupt etwas Besseres, oder besteht die Kunst darin, sich selbst um sein Glück zu kümmern und aus sauren Zitronen einfach leckere Limonade zu machen? Fragen über Fragen, auf die auch die beste Freundin nur ganz vorsichtig vage Antwortmöglichkeiten anbieten kann.

Also sieht man sich zur Orientierung eben im eigenen Umfeld um, wenn man sich wie eine Idiotin fühlt. Guckt sich an, womit die anderen Idiotinnen sich so arrangieren. Und orientiert sich auch an dem, was die beste Freundin macht, von der wir ja schließlich ganz genau wissen, dass sie keine Idiotin ist. Von wenigen kurzen Aussetzern natürlich abgesehen.

Und dann stellt man fest, dass auch sie nicht mit einem makellosen Wesen zusammen ist, das über Superkräfte verfügt und für anbetungswürdige Heldengeschichten sorgt. Sondern die Person an ihrer Seite weist nämlich ebenfalls eine ganz beachtliche Menge an Ecken und Kanten auf. Diese Erkenntnis macht es uns dann wieder ein kleines bisschen leichter, uns dem nicht ganz perfekten Menschen neben uns zuzuwenden. Nein, der muss auch wirklich kein rekordverdächtiger Superheld sein. Nur ein Mensch, mit dem wir glücklich sein können, wenigstens ab und zu und immer mal wieder. Und mit dem wir gern Zeit verbringen und lauthals lachen können. Zur Not haben wir ja auch immer noch *sie*, mit der wir Spaß haben oder uns eben ausheulen können, wenn der Schuh dann doch mal zu dolle drückt oder wenn uns andere Leute zu sehr nerven. Und diese Phasen gibt es ja nun auch in den harmonischsten aller Beziehungen. Wenn die beste Freundin nach der großen Ausheul-Arie, statt schockiert zu sein, mit der Bemerkung tröstet: »Das war damals bei uns genauso«, wird es schon wieder viel leichter, mit der eigenen Situation fertig zu werden. Weil keine Geschichte so individuell ist, wie sie sich anfühlt, und wir alle immer wieder das Gleiche erleben, brauchen wir uns also gar nicht unbedingt so den Kopf zu zerbrechen. Und vielleicht entscheiden wir uns ja auch dazu, die mittelmäßig idealen Partner einfach gehen zu lassen und uns wieder auf eine abenteuerliche Reise durchs Singleleben zu begeben, bis doch irgendwann mal alles passt. Der Deckel auf den Topf und so.

»Man hebt einen Stand am besten dadurch,
dass man sich eine gute Konkurrenz schafft.«
KURT TUCHOLSKY IN ›JOURNALISTISCHER NACHWUCHS‹
(›DIE WELTBÜHNE‹)

Grund Nr. 6

Weil die beste Freundin für dich einen Treuetest durchführt

In den Zeiten, in denen frau noch nicht so erwachsen und damit vielleicht auch noch etwas weniger souverän ist, reicht es ihr leider manchmal nicht, auf ihr eigenes Gefühl zu vertrauen, wenn es ihr signalisiert, dass mit dem Partner oder der Partnerin etwas faul sein könnte. Oder darauf, dass sie sich vielleicht nur aus einer diffusen Angst heraus schlimme Horrorszenarien ausmalt. Dann glaubt sie manchmal, ganz dringend einen Beweis haben zu müssen, dass er oder sie es auch tatsächlich ernst mit ihr meint. Oder eben dafür, dass er oder sie tatsächlich ein Schuft ist.

Auch ich wurde früher schon einmal richtig nervös, als einer meiner neuen Partner an einem Wochenende, an dem ich beruflich in anderen Gegenden der Bundesrepublik unterwegs war, mit Kumpels feierte, die eine dicke Party veranstalteten. Plötzlich hatte ich ein saublödes Gefühl im Bauch. Ein ganz blödes Gefühl! Ich konnte es einfach nicht abschütteln und geriet richtig in Panik. Ich war überzeugt davon, dass da irgendwas Unschönes abging und dass ich die Wahrheit *sofort* erfahren müsste. Abwarten war in dieser Situation einfach nicht drin. Ehrensache, dass meine beste Freundin losgezogen ist und unauffällig eine Runde in der Bar gedreht hat, wo die Party stattfand, um das Geschehen für mich diskret zu beobachten. Direkt danach rief sie mich an, um mir ihre Eindrücke en détail zu schildern. Mit der Gewissheit konnte ich dann sehr viel besser umgehen als mit dem vagen Gefühl, und es gelang mir, für mich eine klare – und gut informierte – Entscheidung zu treffen.

Dass jeder andere Mensch mich wahrscheinlich für völlig verrückt und hysterisch erklärt und mir empfohlen hätte, mich nach einem vernünftigen Drink ins Bett zu legen, ist mir ziemlich klar. Aber eine beste Freundin weiß eben, dass man einem Gefühl manchmal einfach folgen muss, und macht dann auch die seltsamsten Dinge mit, ohne an deinem Verstand und deiner Zurechnungsfähigkeit zu zweifeln.

Und bis heute hat außer ihr und mir keiner jemals von diesem schrägen Vorfall erfahren. Die beste Freundin ist eben die Person, auf die du dich immer verlassen kannst. Sie ist wohl auch die Einzige, deren Vertrauenswürdigkeit du nicht überprüfen (lassen) musst. Die behält so was ganz klar diskret für sich. Also ist es eigentlich gar nicht so schlau, dass ich diese Geschichte jetzt aufgeschrieben habe …

»Prüfungen sind von Anfang bis Ende Unsinn.
Wenn jemand ein Gentleman ist,
weiß er genug, und ist er keiner, so ist alles,
was er weiß, schlecht für ihn.«
Oscar Wilde in ›Das Bildnis des Dorian Gray‹

Grund Nr. 7

Weil die beste Freundin dich aus jedem unangenehmen Date rettet

Dates machen leider nicht jedes Mal wahnsinnig viel Spaß. Manchmal kann es sogar richtig ätzend werden und sich scheinbar endlos ausdehnen. Das kann vor allem dann passieren, wenn es sich um ein Blind Date handelt, da hab auch ich schon die absurdesten Geschichten erlebt. Aber auch wenn es vorab schon einen vielversprechenden Kontakt gab, kann es beim realen Treffen plötzlich total unangenehm werden. Zum Beispiel wenn er nur Lobesreden an sich selbst hält, unangenehmen Körpergeruch hat oder zudringlicher wird, als er soll und darf. Oder weil er so viel Negativität und Opferhaltung mit sich herumträgt, dass man es nicht aushält und Angst davor hat, sich mit seiner schlechten Stimmung anzustecken, wenn er nicht ganz schnell in Quarantäne wandert, so dass die Menschheit vor ihm geschützt wird. Oder sie beklagt sich so ausdauernd über ihre Ex, dass es schreckliche Zeitverschwendung wäre, das Treffen über mehr als zehn Minuten auszudehnen. Eigentlich sind manchmal auch schon 30 Sekunden zu viel, aber die Höflichkeit gebietet ja zumindest eine halbwegs glaubwürdige Ausrede und einen möglichst sanften Ausstieg.

Der Check- oder Rettungsanruf der besten Freundin ist entweder schon vorab für eine bestimmte Zeit vereinbart, oder er wird während eines Toilettenbesuchs mal rasch angefordert. Wenn man also einen Vorwand braucht, um sich ganz schnell aus der nicht vorhandenen oder sofort zu beendenden Affäre zu ziehen, kommt ihr großer Einsatz.

Wenn man allerdings nur unsicher ist und eine zweite Meinung benötigt, hilft sie auch dabei souverän. Sollte es nämlich erforderlich sein, kommt sie einfach mal »ganz zufällig« vorbei und sieht sich den Vogel an. Ist sie dann der Meinung, dass man unbedingt vor ihm beschützt werden muss, dann packt sie schon mal zu und zwingt zur gemeinsamen Flucht. Und da sie nur unser Bestes will, ist das wahrscheinlich auch genau das Richtige. Danach kann man sich ja wieder schöneren Dingen und angenehmeren Menschen zuwenden. Und schon ist man gerettet.

»Man soll tun, was man kann,
einzelne Menschen vom Untergang zu retten.«
JOHANN WOLFGANG VON GOETHE
IN ›BRIEFE AN CHARLOTTE VON STEIN‹

Grund Nr. 8

Weil die beste Freundin nervige Typen für dich abblockt

Für diejenigen unter uns, die keine professionellen Bodyguards und Bouncer beschäftigen, ist es manchmal gar nicht so leicht, unbehelligt durch den Alltag zu kommen. Die schlechte Laune in diesem Land zeigt sich dann von ihrer unattraktivsten Seite, wenn rotgesichtige, betrunkene Typen der Meinung sind, frau müsste sich jetzt auf ihr zudringliches Gelaber einlassen. Nicht immer fällt es leicht, diese Leute in Schach zu halten und schließlich komplett loszuwerden. Weil sie zu begeistert, zu besoffen oder schlicht und einfach zu bescheuert sind, um zu begreifen, dass sie die Biege machen sollen, weil sie in unserer Nähe nichts verloren haben.

Fast noch schwieriger und unangenehmer wird es, wenn es nicht Unbekannte sind, die uns behelligen, sondern Leute, denen wir vielleicht aus Versehen ein bisschen zu viele Hoffnungen gemacht haben. Für die unsere Ansage »Ich finde dich wirklich großartig, aber momentan muss ich mich einfach auf mich selbst konzentrieren« nicht klar und deutlich genug war. Beispielsweise jemand, der unsere Telefonnummer hat und nach dem ersten (und unseres Abschlussurteils nach einzigen) Eisessen schon unsere gemeinsame Zukunft plant und sich vorstellt, wie unsere gemeinsamen Kinder wohl aussehen würden, und Namensvorschläge sammelt. Wenn dann mittels Tränen und »Ich wurde so verletzt«-Gelaber unser Mitleids-Button gedrückt wurde und wir nicht wirklich wissen, wie wir aus der Nummer rauskommen, ohne dass er mit Selbstmord droht oder den gemeinen Frauen für immer abschwört, stecken wir ein bisschen in der Zwickmühle. Die beste Freundin hilft natürlich auch hier und heckt nicht nur einen Plan mit uns zusammen aus, sondern hält womöglich sogar persönlich als Ausrede her (»wir beide sind ein Paar«). Oder sie nimmt die Sache gleich selbst in die Hand, indem sie ihm erzählt, dass er sich mal nicht wie ein Schlappschwanz anstellen und wie ein Kleinkind rumheulen soll.

Natürlich könnten wir das auch alles alleine regeln, gar keine Frage. Wir sind ja schon groß. Aber *with a little help from my friend* macht es schon ein bisschen mehr Spaß. Grenzen setzen ist jedenfalls angenehmer, wenn man sie nicht direkt um sich herum errichtet, sondern dahinter noch Platz für die beste Freundin lässt.

»Jeder Mensch stieß
irgendwann an seine Grenzen.
Nur waren einige gefährlicher als andere.
Und während ein Weiser seine Grenzen kannte,
war Dummheit grenzenlos.«
Tom Clancy in ›Red Rabbit‹

Grund Nr. 9

Weil die beste Freundin dich davon abhält, bei einem falschen Partner zu bleiben

Wir Frauen sind echte Weltmeisterinnen im Hoffen. Da kann uns niemand was vormachen. Wir hoffen auf eine bessere Welt, auf Frieden, auf gesunde Kinder, die perfekte Figur und am meisten darauf, dass auch der mieseste Typ, dem wir in unserem Leben begegnen, irgendwann seine schlimmen Angewohnheiten ablegen wird und sich dann ganz plötzlich in einen strahlenden Prinzen verwandelt. Wenn wir nur geduldig sind und all den Mist aushalten, den er uns in der Zwischenzeit so unerbittlich zumutet!

Zum Glück verrät dir aber die beste Freundin die Wahrheit. Auch und ganz besonders, wenn du sie gar nicht hören willst: dass du *jetzt* einen Partner verdient hast, mit dem du glücklich bist, und dass du es gar nicht nötig hat, dich mit jemandem abzufinden, der dich verletzt. Sie erklärt dir, dass es nur das »Jetzt« als Maßstab für seine Beurteilung geben kann und dass es absolut keinen Sinn macht, mit einer nutzlosen Hoffnung deine wertvolle Lebenszeit zu verschwenden. Weil das Leben einfach zu kurz ist und du zu wertvoll bist, um deine begrenzte Zeit mit denen zu verbringen, die sich dagegen entscheiden, ihr Potenzial zu entfalten, wo doch daneben so viele großartige Menschen existieren. Du hast ausschließlich die Aufgabe und die Verantwortung, dich um dich selbst zu kümmern und dafür zu sorgen, dass es dir selbst gut geht. Das kannst du nicht für andere übernehmen.

Die beste Freundin sitzt wie ein Engelchen auf deiner rechten Schulter und erinnert dich genau daran, während das Teufelchen der Selbstzweifel auf der linken das Gegenteil grummelt. Aber da deine beste Freundin nur dein Bestes im Sinn hat, solltest du ihr ab und zu ein bisschen mehr Vertrauen entgegenbringen. Dich von den schlimmen Jungs oder Mädels trennen und eine gute Zeit mit ihr haben, bis jemand auftaucht, der deine Aufmerksamkeit auch wirklich verdient hat und zu schätzen weiß. Und bei dem du gar nicht mehr auf die Zukunft hoffen musst, weil du jetzt und hier glücklich bist. Beziehungsweise nur darauf, dass dieses wunderbare Gefühl noch ganz, ganz lange anhält.

»Alles geht irgendwann zu Ende,
sogar die Nacht.«
Michel Houellebecq in ›Plattform‹

GRUND NR. 10

Weil die beste Freundin mit dir in die Wohnung des Ex geht, um deine Sachen zu holen

Trennungen sind eigentlich fast nie schön, auch wenn sie oft richtig und total befreiend sind. So sehr, dass man vor Freude und Erleichterung in die Luft springen könnte und das dringende Bedürfnis hat, eine riesige Party zu schmeißen. Aber in der Zeit, in der ein/e Ex und sein oder ihr armes Ego verletzt ist und diese Person vor sich hin wütet oder heult, ist es manchmal schwierig, wenn man sich noch einmal begegnen muss. Zum Beispiel, weil man die Sachen abholen muss, die er oder sie noch bei sich beherbergt und nun womöglich verbrennen oder zertreten könnte. Die müssen dann schnellstmöglich gerettet werden, falls wir sie nicht zusammen mit der Beziehung hinter uns lassen wollen.

Ganz gleich, ob er oder sie dir nun die Wohnung öffnen muss oder du noch einen Schlüssel hast, etwas unangenehm ist so ein Vorgang eigentlich immer. Ganz besonders wenn er oder sie demonstrativ so tut, als wäre alles ganz cool und als würde ihm oder ihr das alles so rein gar nichts ausmachen. Dieses Schauspiel ist in den seltensten Fällen besonders überzeugend. Es macht die ganze Situation zur reinen Farce. Aber egal, jeder muss ja auf seine Art mit Misserfolgen umgehen. Aber wenn uns an den Dingen mehr liegt als am Ex, müssen wir das durchstehen. Auch wenn es anstrengend wird. Doch mit der besten Freundin im Schlepptau, die uns selbstverständlich begleitet oder irgendwo für uns Schmiere steht, ist es dann gar nicht mehr so schlimm. Sie sorgt dafür, dass es schnell vorüber ist, und geht danach mit uns was trinken:

Kaffee oder auch ’nen Cocktail, denn mit dem Austausch der letzten Sachen ist das Ende der Beziehung ja auch wieder ein Stück realer, wir sind jetzt also wirklich frei. Und selbst dann, wenn wir uns selbst dazu entschlossen haben, ist so eine Trennung ja auch immer ein bisschen traurig, hat mit enttäuschten Hoffnungen zu tun und mit der Gewissheit, dass wir einen Menschen erst mal verloren haben, mit dem wir doch auch neben Zeit ein paar innige Gefühle und Erinnerungen geteilt haben. Mit der Hoffnung, aber ohne die Gewissheit, dass wir uns auf einer anderen Ebene irgendwann wieder annähern können. Mit der besten Freundin können wir uns über den Verlust hinwegtrösten, ohne irgendwelche Dummheiten zu machen. Oder wir machen gemeinsam Dummheiten, was eigentlich noch viel besser ist!

»Wer hortet, was vergänglich ist
gräbt seine Seel in Dreck und Mist.«
SEBASTIAN BRANT IN ›DAS NARRENSCHIFF‹

Grund Nr. 11

Weil die beste Freundin immer eine passende Erklärung für dich hat, wenn es mit einem Partner nicht geklappt hat: Er ist nicht gut genug für dich

Nicht immer verabschieden wir uns selbst aus einer (aufkeimenden) Liebesbeziehung. Immer wieder mal kann es auch eine ignorante Person geben, die einfach nicht mit dir zusammen sein will. So ein Vollidiot! Das kann auch ein sonst so unempfindliches Frauen-Ego ganz schön verletzen. Gerade wenn es so aussah, als wäre die Person total perfekt für dich. Eigentlich genau der Richtige. Wenn da nicht seine Freundin im Wege stünde oder sein rigider Unwille einzusehen, dass auch du genau die Richtige für ihn bist. Oder weil ihn die schlimmen Erfahrungen der letzten Beziehung oder Ehe unfähig machen, sich wieder auf etwas Ernstes einzulassen, so dass momentan nur etwas »ganz Lockeres« möglich ist. Oder was ihm sonst so das Leben schwer macht, von der eifersüchtigen Schwester bis zur übergriffigen Mutter und dem Vater, der ihn so sehr mit seinen Ansprüchen unter Druck setzt. Und weil er sich jetzt natürlich erst mal selbst finden muss oder irgendwann in den nächsten 20 Jahren noch mal auf eine Weltreise gehen will und sich vorher auf keinen Fall fest binden kann.

Zum Glück hat eine gute beste Freundin stets die perfekte Erklärung dafür, dass er es nicht ertragen kann, in deiner Nähe zu sein: weil er sich neben dir so mickrig fühlen würde, dass er es einfach nicht aushalten könnte. Weil er sowieso schon ganz grundsätzlich nicht gut genug für dich ist. Während *du* dagegen so etwas wie ihn natürlich ohne Probleme an jeder Straßenecke finden könntest. Ist ja klar, du bist ja schließlich ein ganz großartiger Fang. Und weil das Schicksal, die Bestimmung oder was auch immer genau dann den richtigen Menschen in dein Leben bringen wird, wenn es für dich passend ist. Vielleicht musst du einfach nur ein bisschen mehr darauf vertrauen. Aufs Schicksal und auf deine beste Freundin. Und darauf, dass wir sowieso immer genau das bekommen, was wir brauchen und verdient haben. Und das genau zur richtigen Zeit. Da macht Ausflippen und Ärgern also gar keinen Sinn.

»Wer die Wahrheit hat,
für den ist Erfolg und Misserfolg dasselbe.«
LÜ BU WE IN ›FRÜHLING UND HERBST DES LÜ BU WE‹

KAPITEL 2

VERLOBT & VERHEIRATET

»Heiraten ist eine Pflicht,
einen Liebhaber nehmen ein Luxus.«
SIMONE DE BEAUVOIR
IN ›DAS ANDERE GESCHLECHT‹

Grund Nr. 12

Weil die beste Freundin deinen Partner dazu bringt, dir einen Heiratsantrag zu machen, und ihm dann gleich bei der Auswahl der Ringe hilft

Unsere Partner sind ja manchmal etwas hilflos, wenn es darum geht, uns die sehnsüchtigsten Wünsche von den Augen abzulesen. Und in manchen Fällen wäre es auch ziemlich unromantisch, wenn wir ihnen eine To-do-Liste in die Hand drücken würden, damit auch tatsächlich alles so läuft, wie wir es brauchen, damit wir mit Tränen der Rührung vor ihm, der kniend um unsere Hand anhält, ergriffen in die Weite starren. Das geheime Drehbuch besprechen wir ausschließlich mit der besten Freundin, die dann auch super beim Weiterentwickeln hilft. Und wenn er irgendwann die Frage aufwirft, was ihr eigentlich so gefallen würde, weiß er ganz genau, an wen er sich vertrauensvoll wenden kann.

Und wenn er das nicht freiwillig tun sollte, gibt sie ihm sicherlich zur richtigen Zeit den richtigen Tipp oder bringt ihn ganz subtil auf Ideen, die er dann für die seinen ausgeben kann. So wird gezielt dafür gesorgt, dass er den richtigen Ring in der richtigen Größe besorgt und ihn vielleicht auch noch so gravieren lässt, dass sie vor Glück nur noch jauchzen kann.

Die Ringgröße hat für meine früheren Partner meine beste Freundin schon zu Schulzeiten herausgefunden und ihnen auch gesteckt, wie das Ding am besten aussehen sollte. Mittlerweile habe ich eine ganz ansehnliche Sammlung an hübschen Schmuckstücken, die mich an verschiedene Partner, verschiedene Lebensphasen und auch verschiedene beste Freundinnen erinnern. Und ich muss sagen, ganz offensichtlich hat meine aktuelle beste Freundin von allen bisherigen den besten Geschmack. Müsste ich mich – unabhängig vom zugehörigen Mann – für einen der Ringe entscheiden, wäre es definitiv der letzte. Aber ich hoffe ja noch darauf, dass irgendwann alles gleichzeitig perfekt ist – Partner und Ring genauso wie die beste Freundin. Bis dahin wird eben noch ein bisschen geträumt und geplant. Zum Beispiel die Hochzeit.

Und selbst wenn er (noch) gar keine Lust aufs Heiraten hat, während sie das aber unbedingt machen, aber auf gar keinen Fall offiziell forcieren will, kann die beste Freundin Wunder bewirken. Natürlich nicht in ihrem Auftrag, das ist ja klar. Da kommt sie von ganz allein drauf und überrascht sie natürlich gerne.

»Eine Frau fragt in Liebessachen selten um Rat,
bevor sie sich ihre Hochzeitskleider gekauft hat.«
JOSEPH ADDISON IN ›ASKING ON ADVICE ON AFFAIRS OF LOVE‹

Grund Nr. 13

Weil die beste Freundin dir beim Junggesellinnen-Abschied die Party deines Lebens ausrichtet

Nicht nur Trennungen kann man feiern, sondern auch so etwas Verbindendes wie zum Beispiel den Entschluss, sich formal – oder eben religiös – an einen Partner zu binden und das vor aller Welt oder Gott und einer Menge Leute laut zu sagen. Doch vor einer Hochzeit und den damit verbundenen und für das Brautpaar oft total stressigen Feierlichkeiten gibt es ja noch ein Event, für das sich die Braut nicht so sehr in Schale schmeißen und dazu noch mögliche Familienfehden ausgleichen muss – den Junggesellinnenabschied. Da kann sie nämlich getrost die Verantwortung abgeben und sich ihrer besten Freundin anvertrauen, die ja wahrscheinlich auch Trauzeugin und Brautjungfer und alles andere sein wird, was zu einer Hochzeit dazugehört.

Meine beste Freundin und ich haben uns eine kleine Mini-Doppelhochzeit mit insgesamt vier Gästen vorgenommen, nämlich wir beide und unsere künftigen Bräutigame. Jedes Paar stellt einfach die Trauzeugen für die anderen zwei. Da ist natürlich klar, dass auch der Junggesellinnen-Abschied im kleinen Rahmen gefeiert wird. Es sollten ja vorher nicht allzu viele Bescheid wissen, sonst wären am Ende alle beleidigt, weil sie nicht zur Hochzeitsfeier eingeladen werden.

Aber auch für diejenigen, die groß feiern und daher auch mit mehr als zwei Personen den offiziellen Abschied vom Single-Leben begehen wollen, ist es ganz wichtig, dass die Organisatorin des Junggesellinnen-Abschieds eine Person ist, der man voll vertrauen kann. Damit man nicht in peinlicher Verkleidung besoffen durch die Innenstadt gejagt wird, während man eigentlich lieber ein Ritual im kleinen Kreis veranstalten will, um sich auf die neue Lebensphase einzustimmen. Im schlimmsten Fall würdest du dich dann auf YouTube wiederfinden, wie du volltrunken im Tutu schrecklichen Männern hinterherschreist und sie sabbernd darum anbettelst, dir irgendeinen peinlichen Scheiß abzukaufen. Nein, das muss nun wirklich nicht sein.

Die beste Freundin ist immer auf deiner Seite und setzt sich auch gegen abweichende Stimmen durch, die selbst gern eine Ausrede dafür hätten, einen Stripper-Laden zu besuchen und mal wieder richtig prollig zu sein. Die brauchen dann eben *ihre* beste Freundin. Meine hat so etwas jedenfalls nicht nötig. Und wenn doch, kriegt das außer mir keiner mit …

»So lasst uns noch einmal vereint
Die vollen Gläser schwingen;
Der Abschied werde nicht geweint,
Den Abschied sollt ihr singen.«
AUGUST VON PLATEN IN ›BD. 1: GEDICHTE‹

Grund Nr. 14

Weil die beste Freundin einen Spion zu seinem Junggesellen-Abend schickt

Junggesellen-Abschiede sind ja Ereignisse, vor denen eine Menge Frauen so richtig Angst haben. Weil wir leider wissen, dass diese Nächte oft völlig ausarten. So sehr, dass die Zukünftige, wenn sie es miterleben könnte, keinen Bock hätte, die Hauptfigur des Events jemals in ihrem Leben wieder ohne den Einsatz von Gummihandschuhen anzufassen. Von Hotelzimmern, in denen es bezahlte Frauen für alle gibt, bis zu Ausfällen in Etablissements und auf Partys ist da ja schon alles Mögliche und Unmögliche passiert. Und noch viel Krasses mehr, das man sich gar nicht ausdenken möchte. Und mittlerweile hat sich das auch längst bis zu den Frauen herumgesprochen. Ich kenne so einige Ladys, die ernsthaft in Erwägung gezogen haben, auf eine Hochzeit zu verzichten, nur damit sie sich nicht vorstellen müssen, was ihr Ehemann in spe kurz vor der Trauung bei seinem Junggesellen-Abschied so alles erleben würde. Mit anderen Frauen. Anderen Männern, die ihn zu wilden Aktionen ermuntern. Mit Torschlusspanik. Volltrunken. Da kann frau sich schon so einige Horrorszenarien ausmalen.

Wenn du dem Mann, dem dein Herz gehört, nicht uneingeschränkt vertrauen kannst, wenn du also nicht weißt, dass er seine Grenzen auch in Extremsituationen kennt, wirst du dafür sorgen müssen, dass du alle Fakten kennenlernst, um nicht unter den schlimmsten Fantasien durchzudrehen. Und um sicherzugehen, dass du eine ganz bewusste Entscheidung für oder gegen diese Hochzeit und diesen Mann treffen kannst. Das geht natürlich nur, wenn du weißt, mit wem du es eigentlich zu tun hast und wie dieser Mensch sich in solchen außergewöhnlichen Situationen benimmt.

Also braucht es da so etwas wie einen Spion. Aber wenn es deiner besten Freundin nicht gelingt, sich da als maskierte Stripperin einzuschleusen, wird nicht mal sie dir da großartig helfen können. Also braucht es einen anderen Plan und einen männlichen Spion. Beim Finden dieser männlichen Person, die sich einschmuggeln ließe und vertrauenswürdig genug wäre, um hinterher auch mit den wichtigsten Infos herauszurücken, wird dir deine Freundin behilflich sein. Wenn sie nicht zusammen mit dir denjenigen von den regulären Gästen ausmachen kann, der am anfälligsten für Intrigen ist und für diesen Zweck temporärer Teil eures Teams werden kann.

»Großen herrn und schönen frauen
Soll man gern dienen, wenig trauen.«
GEORG ROLLENHAGEN IN ›DOCTOR SPERLINGS RAT‹

Grund Nr. 15

Weil die beste Freundin dir sagt, dass du nur kalte Füße hast

Kurz bevor es mit dem Heiraten ernst wird, könnte man ja eigentlich auch noch schnell kneifen. Weil plötzlich die ganze Welt und all die Verantwortung auf dich einstürzt und du total in Panik gerätst, weil es natürlich auch sein könnte, dass du im Begriff bist, dem völlig falschen Mann das Jawort zu geben und dir damit für immer die Chance zu verbauen, mit einem noch tolleren Typen vor den Traualtar zu treten oder nach Australien abzuhauen. Mit einem, der seine Socken nicht neben dem Bett fallen lässt, keine Zahncreme-Spritzer auf dem Badezimmerspiegel hinterlässt und nicht ganz so ausschließlich auf doofe Action-Filme und Fußball in verrauchten Kneipen steht.

Es gibt mindestens eine Million Gründe, nicht zu heiraten, und sicher werden sie dir alle einfallen, kurz bevor du diesen – eigentlich lang und akribisch von dir ausgeheckten – Plan in die Tat umsetzen willst. Doch die Frauen in deinem Leben – und allen voran deine beste Freundin – sind in deiner Nähe und stehen dir bei. Sie haben dich bis hierhin begleitet, und sie werden auch jetzt wissen, ob deine Zweifel berechtigt sind. Gegebenenfalls werden sie sofort mit dir in den Urlaub fliegen oder dich davon überzeugen, dass du alles, aber auch alles, richtig machst und gerade ganz einfach nur kalte Füße kriegst. Dann hält die beste Freundin deine Hand, redet dir gut zu und macht dir bewusst, welche Beziehungstiefschläge du schon hinter dir hast und dass die Person, für die du dich jetzt entschieden hast, genau die richtige ist, um weitere große

Schritte in deinem Leben zu gehen, und dass es die beste Idee deines Lebens ist, sich mit dieser Person gemeinsam weiterzuentwickeln. Auch weil deine beste Freundin weiterhin für dich da sein wird, wenn mal was schiefgehen sollte. Und jetzt freut sie sich darauf, dich mit Reiskörnern zu bewerfen. Und plötzlich bist du dazu bereit. Weil du weißt, dass du niemals allein sein wirst. Noch nicht mal mit deinem Mann …

»Es gibt Leute,
denen sogar der Mut fehlt,
feige zu sein.«
Markus M. Ronner
in ›Der treffende Geistesblitz‹

Grund Nr. 16

Weil die beste Freundin die Hochzeit mit dir plant und dafür sorgt, dass alles läuft

Wie schon erwähnt, wünschen meine beste Freundin und ich uns eine kleine romantische Mini-Hochzeit am Meer, was im Vergleich zu 300-Personen-3-Tages-Zeremonien die Planungen natürlich extrem vereinfacht. Wir brauchen ja nur einen wunderschönen Sandstrand, herrliches Wetter und eine coole Person, die das kleine Verbindungsritual durchführen kann. Also keine pastellfarbenen Tüllkleidchen für Brautjungfern, keine Tischkarten, keine Familienmitglieder, die davon überzeugt werden müssen, für einen Tag friedlich miteinander umzugehen. Weil wir das ganze Ding ja nur zu viert durchziehen wollen und dann vielleicht irgendwann später mal eine Party schmeißen, zu der alle kommen und Getränke und Essen selbst mitbringen.

Insofern könnte eigentlich alles ziemlich easy sein. Wobei wir uns natürlich noch gar nicht sicher sind, ob unsere Ehe-Männer in spe sich tatsächlich darauf einlassen werden oder ob wir, wenn es ernst wird, nicht doch riesige Massen an Familienmitgliedern und Freunden dabeihaben wollen, weil wir plötzlich über Nacht total traditionell geworden sind. Oder ob wir überhaupt mit den Männern, die gerade in unserem Leben sind, barfuß am Strand in einen neuen Lebensabschnitt stolpern wollen. Momentan planen wir jedenfalls zu zweit und malen uns aus, wie und wo es am schönsten wäre und wann wir das Ganze am besten umsetzen sollten. So stressfrei wie möglich. Mit Männern, die wir jetzt gerade kennen oder eben ganz anderen. Oder Frauen. Weiß man ja nie.

Aber auch für die Frauen unter uns, die sich das Ganze mit etwas mehr Brimborium, Glitzer, Täubchen und Blumen streuenden Kindern vorstellen, bei denen es also ein riesiges und bombastisches Fest werden und die Hochzeitstorte mindestens zehn Stockwerke haben soll, ist die beste Freundin die Person, die ihnen stets zur Seite steht. Beim Ausdenken, Planen, Abchecken, Überzeugen und vor allem dabei, immer wieder zu beruhigen und zu versichern, dass alles super laufen wird und man alles richtig macht. Fragt sich nur noch, wer das Ganze bezahlen soll, aber vielleicht hat da ja der oder die Zukünftige eine gute Idee.

»Heirathen und Nähnadeln müssen
die Frauenzimmer einfädeln.«
August von Kotzebue
in ›Die deutschen Kleinstädter III‹

GRUND NR. 17

Weil die beste Freundin bei der Schwangerschaft die Mängel des Vaters ausgleicht

Die angehenden Väter sind während der Schwangerschaft ihrer Partnerinnen fast ausnahmslos vor allem eines: hilflos. Das führt bei den einen zu passiver Lethargie, bei den anderen zu einem niemals enden wollenden Tatendrang. Beides erweist sich als suboptimal für diejenige, die sich da gerade um das Kind in ihrem Bauch und nicht um das Kind an ihrer Seite kümmern will. Doch zum Glück gibt es ja die beste Freundin, die – ob sie selbst Erfahrung mit Schwangerschaft und Geburt hat oder nicht – tapfer, aufmerksam und einfühlsam am Start ist, Rücken krault, Mut macht und immer wieder einspringt, wenn ein verlässlicher Mensch zur Unterstützung gebraucht wird. Auch wenn die zukünftige Mutter versichert bekommen muss, dass ihr Körper hinterher nicht für immer entstellt sein wird und sie auch weiterhin viel mehr sein wird als »nur« eine Mami.

Meine beste Freundin und ich sorgen da auch schon fleißig vor. Wir machen nicht nur unsere gesamte Familienplanung zusammen (von der angedachten Doppelhochzeit am Strand bis hin zur Einrichtung der Kinderzimmer und zum Erziehungskonzept), wir werden auch irgendwann gemeinsam die Entscheidung treffen, der Natur ihren Lauf zu lassen, um dann hoffentlich ohne allzu großen Abstand Kinder auf die Welt zu bringen und alles, was damit zusammenhängt, gemeinsam zu erleben. Dann ist es auch nicht so schlimm, wenn die Männer uns während dieser Zeit nicht so gut verstehen können. Wir sind ja schließlich – wie auch sonst immer – füreinander da.

Unsere Männer werden zu solchen Planungen übrigens nicht befragt, die werden höchstens informiert. Um ebenfalls über eine Support-Group verfügen zu können, haben sich die beiden Jungs nun auch zusammengeschlossen, weil sie von dem diffusen Verdacht geplagt wurden, wir würden da was aushecken und sie gegeneinander ausspielen. Stimmt natürlich nicht. Ganz im Gegenteil. Wir freuen uns sogar darüber, dass sie sich jetzt auch gegenseitig unterstützen können, wenn ihre Freundinnen, beziehungsweise dann Ehefrauen, große Veränderungen durchmachen. Und wer weiß, vielleicht werden sie ja irgendwann beste Freunde. Und dann fangen sie vielleicht mal an zu verstehen.

»Es gehört nicht viel Geist dazu,
alles zu verwirren, viel aber,
alles auszugleichen.«
Charles de Montesquieu in ›Meine Gedanken‹

Grund Nr. 18

Weil die beste Freundin dich davon überzeugt, dass du eine tolle Mutter wirst/bist

Werdende Mütter sind ja bisweilen – ebenso wie Frauen, die bereits Mütter sind – sehr besorgt. Sie werden geplagt von schlimmen Zweifeln und Ängsten. Sie machen sich nicht nur Sorgen über die Jugend von heute, die Wirtschaftskrise und all die Anforderungen, die auf sie, ihre Beziehung und ihren Nachwuchs zukommen könnten, sondern auch darüber, ob sie das alles überhaupt jemals einigermaßen gut hinkriegen können. Jede Mutter unter meinen Bekannten hatte in so einer Krise schon mal das Gefühl, bei dieser Aufgabe komplett versagt zu haben oder zumindest grandios versagen zu können.

Und dann kommt mein Einsatz als beste Freundin. Ich mache sie darauf aufmerksam, wie gut, schnell, gesund ihre Kinder sind und wie viel besser die Welt einmal werden wird, weil sie als Mutter einen wahnsinnig guten Job gemacht hat. Bei Bedarf versichere ich ihr, dass es ihr Recht ist, sogar eine so schwierige Entscheidung zu treffen, die das Kind traumatisieren könnte (die Trennung vom Vater des Kindes zum Beispiel), wenn es für alle Beteiligten die bessere Lösung ist. Und weil manchmal ein Ende mit Schrecken besser ist als ein Schrecken ohne Ende. Wenn ich meinen Job als beste Freundin gut gemacht habe, ist sie am Ende wieder handlungsfähig und traut sich zu, selbst alles gebacken zu kriegen. Auch weil ich ihr meine Hilfe anbiete, damit sie sich wieder ein bisschen um sich selbst kümmern kann. Denn das Allerwichtigste ist ja, dass es ihr gut geht! Wenn sie sich darum nicht kümmert, wird sie auch keine »gute Mutter« sein können. Also nehm ich ihr das Wunderkind für einen Spaziergang, einen Urlaub oder auch nur für eine halbe Stunde im anderen Zimmer ab, so dass sie wieder zu sich kommen kann. Und dann suchen wir vielleicht gemeinsam nach einer Betreuung für das Kind und machen etwas sehr »Erwachsenes« – wir gehen ins Kino oder zu einer Foto-Ausstellung. Am Ende kann sie es gar nicht erwarten, wieder bei ihrem Kind zu sein, und hat diesen verzückten Gesichtsausdruck, wenn ihr Kind sie glücklich und innig umarmt. Weil sie spätestens in diesem Moment wieder weiß, dass sie eine tolle Mutter ist. Einfach nur, weil ihr Kind sie so bedingungslos liebt.

»Die beste Erziehungsmethode für ein Kind ist,
ihm eine gute Mutter zu verschaffen.«
Christian Morgenstern in ›Stufen‹

Grund Nr. 19

Weil die beste Freundin die perfekte Patin wird

Da in Deutschland die Kirchgänger immer weniger werden, gibt es auch immer weniger Taufen und damit immer weniger Paten. Und das ist ziemlich schade, denn die Paten ersetzen oft fehlende Familienmitglieder, die früher ganz selbstverständlich für Neuankömmlinge auf dieser Welt parat standen. Paten sind die, die unvernünftige Sachen schenken und kleine Einblicke in die Erwachsenenwelt ermöglichen, für die kind ja eigentlich noch zu jung ist. So ähnlich wie die Großeltern, nur ein paar Generationen jünger.

Viele Eltern finden es heuchlerisch, ihre Kinder taufen zu lassen, weil sie selbst nicht mehr in die Kirche gehen. Andere ziehen das mit der Taufe durch, damit ihnen ein Platz in der christlichen Kita sicher ist, auch wenn es im Grunde nicht ihrer Überzeugung entspricht. So oder so kann man nur hoffen, dass weiterhin viele alternative Formen entstehen, in denen man Menschen, denen man voll vertraut, eine Mitverantwortung für das eigene Kind übertragen kann. Weil es ja bekanntlich ein ganzes Dorf braucht, um ein Kind großzuziehen. Wenigstens eine offizielle Beauftragte sollte es da neben den Eltern schon noch geben.

Und wer würde sich da besser eignen als jemand, der *wirklich* weiß, wie wir ticken und was wir unserem Kind mit auf den Weg geben wollen? Und welche unserer – natürlich kaum vorhandenen – Schwächen dringend einen Ausgleich brauchen. Das kann man schließlich im Normalfall weder von Eltern und sonstigen Verwandten vom Partner oder irgendwelchen Bekannten erwarten. Dazu ist nur eine einzige Person geeignet, und die wird sich dann auch richtig Mühe geben und ihr Bestes tun.

Mein Patenbaby heißt Adeola, auch wenn sie nicht getauft ist und ich keinen offiziellen Status habe. Aber ich liebe dieses Kind und würde jederzeit einspringen, wenn das kleine Wunder Unterstützung bräuchte. Oder ihre wunderbare Mutter, die in dieser Rolle den großartigsten Job von allen macht!

»Früher hatten Eltern etwa vier Kinder.
Heute haben Kinder etwa vier Eltern.«
ARNO BACKHAUS

Grund Nr. 20

Weil die beste Freundin ganz fest daran glaubt, dass du glücklich wirst

In den Phasen, in denen du zu wissen glaubst, dass die Welt ein schrecklicher Ort ist, an dem du für immer unglücklich und enttäuscht vor dich hin vegetieren wirst, kommt ganz bestimmt von irgendwo ein Lichtlein her. Mein Lichtlein heißt Patricia und verbringt mit mir einen Abend im Club, einen Tag am Strand oder ein paar Stunden ganz gemütlich auf der Couch vor dem Fernseher. Wir versacken auch gerne mal im Chakra Café und gehen nach und nach vom Brunch über Kuchen zum Abendessen mit vielen Drinks über. Schlürfen Becks Green Lemon, Wein, Milchkaffee oder wonach uns eben gerade ist – neben Pizza und Schokolade. Und während wir uns darüber austauschen, was uns momentan so alles passiert und was wir eigentlich in unserem Leben tun und haben wollen, ist schon bald alles gar nicht mehr so schlimm. Eigentlich geht es uns sogar ziemlich gut. Nämlich einfach schon deswegen, weil wir *uns* haben und wissen, dass sich das nicht ändern wird, auch wenn wir uns zwischenzeitlich auf unterschiedlichen Kontinenten aufhalten. Und dass wir eine Menge Spaß miteinander haben können, auch wenn alle anderen gerade doof und gemein sind und die bösen Auftraggeber ihre Rechnungen wieder zu spät bezahlen oder Aufträge rar sind.

Deine beste Freundin macht dir Mut und steht die harten Zeiten mit dir durch. Und sie gibt dir auch einfach mal einen Drink aus, wenn dir gerade die Kohle ausgegangen ist. Bei Geld hört die Freundschaft nämlich nicht auf. Ganz im Gegenteil: Das ist eine der vielen Ebenen, auf denen man sich in einer Freundschaft unterstützt. Und deine Freundin weiß ganz genau, dass du es verdient hast, in Fülle zu leben. Auch finanziell. Ist alles nur eine Frage der Zeit. Das wird sie dir immer wieder sagen, bis du es selbst glaubst. Du bist dazu geboren, glücklich, reich und wunderschön zu sein, also lass dich bloß nicht davon abhalten!

»Wenn man glücklich ist,
so gibt es noch viel zu tun:
das Trösten der anderen.«
JULES RENARD IN ›TAGEBUCH‹

Grund Nr. 21

Weil die beste Freundin deine Scheidung mit dir zelebriert

Bisher bin ich ja noch nicht mal in den Genuss meiner eigenen Hochzeit gekommen und konnte nur meine Trennungen und mein Wieder-auf-dem-Markt-Sein mit speziellen Menschen feierlich begehen. Insofern kann ich beim Thema Scheidung selbst noch nicht so richtig mitreden, was ich aber auch total in Ordnung finde. Doch mit einer meiner besten Freundinnen habe ich vor Jahren mal ihren besonderen Tag gefeiert – eine Scheidung ist ein großartiger Anlass für eine Party! Und dieser Anlass war natürlich so bedeutend, dass ich mich sogar mit einer überdimensionalen Backe nach einer schmerzhaft brutalen Entfernung von zwei Weisheitszähnen nach draußen wagen musste. Mitten in die schicke Hamburger Innenstadt! Die Gerichte sind eben nun mal da, wo sie sind. Für keinen anderen Menschen hätte ich mich so entstellt und leidend in die Öffentlichkeit gewagt. Doch genau dafür sind beste Freundinnen da! Und auch von meinem Zahnarzt werde ich es mir nicht nehmen lassen, eine saugute beste Freundin zu sein und meine saugute beste Freundin zu unterstützen. Gerade dann, wenn die wichtigsten Momente im Leben anstehen. Eine Scheidung ist einer der großen Umbrüche – der Zeitpunkt, zu dem man ganz offiziell einen neuen Lebensabschnitt beginnt, weil man eine Erfahrung abgeschlossen hat und sie – die Ehe, den Ex, die alten Illusionen – hinter sich lässt.

Wir gingen damals essen (für mich gab's natürlich nur Cremesuppe) und stießen mit viel, viel, viel Prosecco an. Das machte es in Kombination mit den Schmerztabletten gleich viel erträglicher, mich mit meiner geschwollenen Backe für fremde und leider auch für mir bekannte Menschen sichtbar zu bewegen. Wir alle haben ja mittlerweile begriffen, dass nach einer Ehe auch wieder vor einer Ehe ist. Und dass wir alle immer wieder neu entscheiden können, was uns guttut. Ein toller Grund zu feiern! Auch wenn wir in Zukunft doch lieber Hochzeiten, Buch- und Baby-Partys veranstalten würden, die haben es nämlich auch in sich!

»Die Ehe war zum jrößten Teile
vabrühte Milch un Langeweile.
Un darum wird beim Happy-end
im Film jewöhnlich abjeblendt.«

KURT TUCHOLSKY IN ›DANACH‹ (›DIE WELTBÜHNE‹)

Grund Nr. 22

Weil die beste Freundin Plan B ist, wenn es mit dem Mann nicht klappen sollte

Die Wenigsten von uns modernen Frauen verlassen sich darauf, dass sie tatsächlich mit einem einzigen Mann (oder einem Partner bzw. einer Partnerin) altern und gemeinsam glücklich und zufrieden auf ihr Lebensende zusteuern werden. Diese Märchenschlüsse haben wir in der Realität einfach viel zu selten gesehen. Auch für den Fall, dass irgendwann Kinder ins Spiel kommen, weiß keine Frau so genau, ob der zugehörige Vater die ganze Zeit über an Bord bleiben wird. Oder ob wir selbst das überhaupt dauerhaft wollen und ertragen können. Ob wir es so lange mit einem einzelnen Exemplar aushalten und ob dieses Exemplar sich auf eine Art und Weise weiterentwickelt, die zu unserer Entwicklung passen wird.

So hab ich schon immer mit meinen – über die Lebensspanne zum Teil ebenfalls wechselnden – besten Freundinnen wieder und wieder Pläne für den Fall der Fälle geschmiedet. Der ist dann eingetreten, wenn wir uns umeinander kümmern müssen, weil andere – die Liebespartner zum Beispiel – das nicht tun. Unter den möglichen Szenarien gab es auch die lustigsten Wohnprojekte, in denen die Kinder gemeinsam aufwachsen und die Liebhaber nur mal zwischendurch zu Besuch kommen dürfen. In denen wir uns gegenseitig alle Sorgen und Probleme abnehmen und einer sich um den anderen kümmert, wenn der es mal nicht selbst kann.

Und diese Pläne fühlen sich im Grunde sehr viel realistischer an als Träumereien wie: »Und sie lebten glücklich bis an ihr Ende«. Wenn es eine alternative Fantasie gibt, ist es sogar ein kleines bisschen leichter, sich auf die Realität einer neuen Partnerschaft mit all ihren Ecken und Kanten einzulassen. Denn wenn das nicht funktionieren sollte, wäre da ja noch Plan B im Angebot, auf den man sich in jedem Fall verlassen kann. Insofern geht es immer gut aus, man muss sich nur trauen und es ausprobieren. Alles. Vor allem mit der besten Freundin.

»Liebe zwischen Frauen heilt.«
VERENA STEFAN IN ›TAZ‹

Kapitel 3

BODY & SEX

»Der Körper ist kostbar,
und unsere Lust ist es auch!«

Ariadne von Schirach
in ›Über weibliche Sexualität‹

Grund Nr. 23

Weil du dich mit der besten Freundin über Gerüche, Geräusche und Geschmack beraten kannst

Die Beziehung zu einer besten Freundin zeichnet sich auch dadurch aus, dass man seine eigenen Schamgrenzen überwindet und über eigene Unsicherheiten spricht. Manchmal braucht es dazu zwar selbst in dieser intimen Freundschaft etwas Anlauf, aber am Ende ist das schon die einzig richtige Adresse. Zu den Erröten verursachenden Themen gehören neben den »normalen« Problem- und Stressregionen des Körpers ja auch die etwas intimeren, die in unserer Gesellschaft mit einer gewissen Peinlichkeit besetzt sind. Da helfen kein Buch, kein Arzt, keine Zeitschrift und auch keine theoretische Erklärung. Die einzige vertrauenswürdige Quelle und Beauftragte für diese Art von Gesprächen ist eben die beste Freundin, mit der du dich nicht nur darüber unterhalten kannst, was dir an sinnlichen Erlebnissen bei deinen Partnern untergekommen ist und was ihm alles Peinliches passiert ist, sondern auch darüber, was dein eigener Körper so tut.

Deine beste Freundin ist das passende Ohr, das passende Auge, der passende Spiegel für deine intimen Wünsche. Und wenn sie sich ebenfalls zu Körperfunktionen bekennt, die sie nicht erfreuen, wird das für dich auch besser zu verkraften sein. Am Ende kommt man in diesen gemeinsamen Gesprächen noch auf richtig tolle Ideen, die sich dann wiederum mit dem Partner umsetzen lassen. Hinterher sprechen wir ja dann wieder ausführlich darüber und werten aus, ob sich der Versuch gelohnt hat. Ganz ohne Tabu. Weil sie uns nicht verurteilt, uns weder für schamlos noch für verklemmt hält, wenn wir uns authentisch zeigen und zu unseren Gefühlen stehen.

Allerdings gibt es da doch ein paar Grenzen. Eine frühere Freundin wollte uns mal die Schuppenflechte an ihren Schamlippen vorführen, da haben sie meine beste Freundin und ich jedenfalls ganz schnell in ihre Schranken verwiesen. Ich interessiere mich noch nicht mal für die Muschis meiner Freundinnen, wenn diese nicht von Krankheiten oder Ausschlägen befallen sind. Tut mir leid, so weit geht die Freundschaft dann doch nicht.

»Ich bin für mehr Sex –
mehr Schweinereien, keine Tabus.
Ich glaube, dass es vom echten Sex,
dem Sex, der riecht und schmeckt
und schmutzige Geräusche macht,
nie genug geben kann.«

Charlotte Roche in ›Der Spiegel‹, 9/2008

Grund Nr. 24

Weil die beste Freundin die beste Ansprechpartnerin zum Thema Analsex ist

Ab einem gewissen Alter hat Dr. Sommer ja leider ausgedient, und trotzdem kommen immer mal wieder Themen und Fragen auf, die frau gerne ehrlich und schonungslos offen besprechen würde. Fragen, auf die sie verlässliche Antworten bräuchte, die aber ein bisschen peinlich sind. Zu peinlich für die große Runde jedenfalls. Doch irgendetwas treibt viele von uns immer wieder mal dazu, sich die Fragen zu stellen: »Bin ich eigentlich normal?« und: »Wie macht man das eigentlich richtig?« oder: »Machen andere das *wirklich*?«.

Es ist gar nicht so einfach, ehrliche Antworten auf diese Fragen zu bekommen. Aus schmerzlicher Erfahrung wissen wir ja, dass es keine allzu gute Idee ist, sich an erotischen Filmen zu orientieren, wie es leider zu viele Männer machen. Also wissen wir nicht, wohin mit den Fragen und Anliegen zu diesen heißen Tabu-Themen.

Analsex gehört zum Beispiel zu den schambesetzten Bereichen, mit dem unsere Prinzen oft und gerne protzen, den aber sehr viel weniger Frauen für Highlights in ihrem Sexleben halten. Wenn sie denn überhaupt Bock darauf haben. Wird dieses Thema in einer Konstellation aktuell, will sie sich natürlich darüber austauschen und reflektieren, ob ihre Empfindungen »normal«, also im Endeffekt in Ordnung sind. Nur die beste Freundin wird dann nachdrücklich betonen, dass die eigenen Gefühle *immer* richtig sind. Und sie wird berichten, wie sie das Ganze sieht – in der Realität und nicht aus der filmischen Perspektive eines von Männern gemachten Pornos.

Und dann tauscht man sich über Erfahrungen aus, die man mit diesem heißen Thema gemacht hat. Und vielleicht probieren sogar beide etwas mit ihren Partnern aus. Einfach nur, damit sie danach darüber reden können. Und dann wissen sie ganz genau, was für sie drin ist und was sich nur im Bereich des Films abspielen sollte.

»Wir müssen jetzt endlich den Arsch hochkriegen und Eier zeigen.«

MARTIN PIECKENHAGEN
IN DER SENDUNG ›RAN – SAT.1-BUNDESLIGA‹

Grund Nr. 25

Weil die beste Freundin auch nicht versteht, warum Männer so viel Scheiße bauen, und sich trotzdem weiter mit ihnen abmüht

Ab und an kommt wohl jede Frau, auch wenn sie absolut heterosexuell ist, an den Punkt, an dem sie keinen Bock mehr auf Männer hat. Wo sie findet, dass es mit ihnen jetzt wirklich endlich reicht, dass es nie funktioniert hat und sowieso auch in der Zukunft keinen Sinn macht. Dass sich die ganze Mühe, der Energieaufwand und die Verwirrung absolut nicht lohnen. Und sie haben ja so recht, es ist wirklich furchtbar schwierig, kompliziert und wahnsinnig kräftezehrend.

Aber in den großen Herausforderungen stecken natürlich auch die ganz großen Möglichkeiten, sich weiterzuentwickeln. Woran allerdings auch deine beste Freundin hin und wieder zweifelt und eher nicht davon ausgeht, dass es mit diesen Kerlen überhaupt jemals klappen kann. Und dann verbringt sie mit dir einen tollen Party- oder Filmabend, an dem ihr beide euch klarmacht, dass ihr niemals wieder Männer brauchen werdet, weil es ohne sie viel spaßiger und vor allem viel einfacher ist. Das kann man sich dann ganz fest vornehmen und glaubt es sogar für kurze Zeit. Klingt ja auch ziemlich logisch.

Jedenfalls so lange, bis irgendwann dann doch wieder eine schicksalhafte Begegnung in unser Leben stolpert und uns einer dieser Typen ganz unerwartet total begeistert. Und plötzlich bemerken wir, dass der eine oder andere Prinz doch ganz nette Gefühle hervorrufen kann und sein lässiges Zwinkern zugegebenermaßen ziemlich anregend ist. Von seinen großen Händen ganz zu schweigen. Oder es passiert das Gegenteil, weil ein nerviger Proll uns daran erinnert, dass wir eigentlich viel tollere Männer in unserem Umfeld haben. Mit denen wir es doch trotz allem noch mal probieren sollten. Weil da vielleicht noch 'ne Menge tolle Sachen vor uns liegen, die wir mit den Jungs erleben können, sollen und im Grunde auch wollen, wenn wir mal ganz ehrlich sind. Einen (weiteren) Versuch ist es ja zumindest wert.

»Ausdauer ist eine Tochter der Kraft,
Hartnäckigkeit eine Tochter der Schwäche,
nämlich – der Verstandesschwäche.«
Marie von Ebner-Eschenbach
in ›Aphorismen‹

GRUND NR. 26

Weil die beste Freundin bei der Frage »Bin ich vielleicht lesbisch?« mit dir experimentiert

Ja, ja, wahrscheinlich fragen sich fast alle Frauen irgendwann, ob sie nicht vielleicht doch eher mit Frauen zusammen sein sollten. Entweder, weil sie von den Jungs so enttäuscht sind, oder einfach, weil sie sich auch ab und zu, mal mehr und mal weniger auch sexuell zu Frauen hingezogen fühlen. Vielleicht nur betrunken auf Partys, vielleicht aber auch immer mal wieder nüchtern oder bei ganz besonderen Begegnungen mit ganz besonderen Frauen, die dann ziemlich irritieren können. Und meist entsteht auch zwischen Freundinnen irgendwann mal so eine flüchtige körperliche Anziehung. Behaupte ich jedenfalls. Zumindest kann frau sich vorstellen, dass es mit einer Partnerin ein ganzes Stück einfacher sein könnte als mit diesen anderen seltsamen Wesen, die gemeinhin Männer genannt werden.

Auf dem Weg zum Erwachsenwerden waren es zumindest bei mir die besten Freundinnen, mit denen man sich mal ein bisschen mehr getraut hat. Einfach mal was ausprobiert hat. Vielleicht nicht das volle Programm, aber schon über ein banales Nichts hinausgehend. Bisschen knutschen, bisschen kuscheln und anfassen, herausfinden, wie sich das so anfühlt. Und vielleicht weiß man danach mehr. Oder auch nicht. Oder nur, dass es wichtiger ist, eine Freundin zu haben als eine Liebhaberin. Oder dass das Geschlecht eigentlich egal ist, wenn wir uns zu einem Menschen hingezogen fühlen. In jedem Fall übersteht eine gute Freundschaft auch diese Art von Testphase ohne große Störung.

Selbst wenn es eine andere Frau sein sollte, mit der du dich sexuell ausprobierst – auch hier wird deine beste Freundin mit im Boot sein, wenn es darum geht, die Erfahrungen zu verarbeiten und daraus die richtigen Schlüsse zu ziehen. Zu entscheiden, wie es weitergehen soll. Mit der Testpartnerin, mit anderen Mädels oder eben auch mit den Jungs.

»Spielen ist Experimentieren mit dem Zufall.«
NOVALIS IN ›FRAGMENTE‹

Grund Nr. 27

Weil die beste Freundin mit dir Sexshops durchwühlt

Natürlich sind wir alle von Natur aus ziemlich neugierig. Auch und manchmal gerade auf Sachen, die ein bisschen schmierig und verrucht sind. Und bei der Erkundung dieser Dinge will man sich eigentlich nicht so gerne alleine erwischen lassen. Gemeinsam ist es nämlich viel leichter, sich auf unbekanntes Terrain zu wagen.

Ich hab auf jeden Fall meine erste Tour durch die Erotikläden mit meiner besten Freundin unternommen. Und wir haben uns köstlich darüber amüsiert, dass die Männer sich immer ganz schnell verdrückt haben, wenn wir im Anmarsch waren. Die können sich im Sexshop einfach nicht entspannen, wenn echte Frauen in der Nähe ihrer Fantasie-Wesen und Kunst-Körperteile sind. Sie fliehen in Panik, auch wenn man total nett zu ihnen ist oder sogar noch versucht, sich mit ihnen zu unterhalten. Die laufen echt immer weg. Als lustige Freizeitbeschäftigung für Frauen kann ich das nur empfehlen!

Mit einer früheren besten Freundin machte ich mal ausgedehnte Touren durch diverse Läden in Nürnberg und später auch in Hamburg. Und ich muss zugeben, sie war sehr viel schamloser als ich und genoss es, sich über einzelne Vibratoren und deren Funktionalität ausführlich beraten zu lassen. Dazu ließ sie auch das eine oder andere Stück auspacken, um es zu befühlen. So lernten wir auch »gefühlsechte« Silikon-Muschis kennen, die wir beide in der Tat sehr erstaunlich und unglaublich realistisch fanden. Ziemlich erschreckend aber irgendwie auch. Ohne meine beste Freundin hätte ich mich nie so eingehend mit den angebotenen Sortimenten beschäftigt, sondern mich höchstens virtuell im Internet mit all den witzigen Erfindungen auseinandergesetzt. Auch wenn ich kein Dauerkunde geworden bin (zum Glück geht das im Netz ja ziemlich diskret!), bin ich über diese Einführung ziemlich froh. Und ich kann heute so tun, als würde ich mich tierisch gut auskennen und wäre total lässig und unverkrampft. Stimmt zwar nicht immer, das macht aber auch nichts.

»Erotik ist Überwindung von Hindernissen.
Das verlockendste und populärste Hindernis
ist die Moral.«

Karl Kraus in ›Fackel 198‹

Grund Nr. 28

Weil die beste Freundin mit dir zusammen Männern, die aus Puffs und Table-Dance-Bars kommen, böse Blicke zuwirft

Wenn frau Männer gerade total ätzend findet und sie dann auch noch an Orten antrifft, die diese Meinung naturgemäß eher zu bestätigen als zu widerlegen geeignet sind, muss man natürlich irgendetwas unternehmen, um seinem Unmut Luft zu machen. Hamburg St. Pauli ist eine dieser Gegenden, in denen sich Männer – Frauen allerdings mitunter auch – nicht unbedingt von ihrer besten und attraktivsten Seite zeigen. Sich bis zum Anschlag betrinken, Schlägereien anfangen und auch sonst zudringlich und aggressiv agieren. Ich neige jedenfalls sehr dazu, mich in Gedanken mit den Frauen zu solidarisieren, die in diesem und anderen Stadtteilen ihr Geld auf die bekannte verpönte, aber doch sehr gefragte Art verdienen. Auch deshalb finde ich es zum Kotzen, wie Männer mit diesen Frauen oft umgehen. Und dass sie diese Frauen häufig verurteilen, während die doch ihre eigene Nachfrage bedienen. Das verstehe ich nicht. Wenn etwas es wert ist, dass man dafür bezahlt, dann hat es doch auch Wert genug, um respektvoll behandelt zu werden, oder?

Was man in solchen Gegenden aber auch feststellt, ist, dass die feinen Herren nicht dazu stehen, welche Leistungen sie da einkaufen. Sie schämen sich nämlich tierisch und können keinem Frauenblick standhalten, wenn sie aus einem dieser Läden herauskommen. Sie gucken verschämt weg, sehen sich beim Reingehen vorsichtig um und wollen sichergehen, dass sie nicht beobachtet werden. Weil sie sich schämen. Offensichtlich tun sie deshalb so, als wären die Frauen schuld an ihrem Verhalten. Die, die ihnen zu Hause nicht das geben, was sie brauchen, oder die, die sie auf dem Kiez in Versuchung führen. Sie sehen sich als die armen Opfer, die von sich aus kein Wässerchen trüben könnten. Und weil sie so schwach und willenlos sind, haben sie es eben manchmal einfach verdient, dass man sie böse anschaut und ihr negatives Gefühl noch bestärkt. Diese Heuchelei kann man nun wirklich nicht noch belohnen!

»Die Scham existiert überall,
wo es ein ›Mysterium‹ gibt.«
FRIEDRICH NIETZSCHE
IN ›MENSCHLICHES, ALLZUMENSCHLICHES‹

Grund Nr. 29

Weil die beste Freundin genau weiß, wie du dich fühlst, wenn du deine Tage hast

Bis die christliche Kirche zu viel Macht besaß, galt die Menstruation der Frau als mystische und wertvolle Zeit. Eine Zeit, in der Frauen dem Göttlichen näher waren und ganz besondere Kräfte hatten. Schließlich gehört die Periode zu dem wunderbaren Kreislauf, der Frauen ermöglicht, Leben in sich entstehen zu lassen. Das wird kein Mann jemals hinkriegen. Also ist es eigentlich ganz logisch, dass dieser Mangel neidisch macht. Und das Fremde macht auch Angst, denn die armen Männer haben ja keine Ahnung von diesem Vorgang – und wenn, dann höchstens theoretisch. Und deshalb wurde in der modernen Zeit die Angelegenheit als krank und eklig deklariert. Schade, dass auch viele von uns Frauen das so eingetrichtert bekommen, wenn sie erwachsen werden, und dass sie sich fast schon dafür schämen, wenn sie ihre Tage haben. Wären sie vielleicht stolzer, wenn sie permanent schwanger wären? Natürlich freut sich auch die Pharmaindustrie, wenn wir alle versuchen, etwas gegen die natürlichen Vorgänge in unseren Körpern zu unternehmen. Aber so richtig gut für uns ist das alles nicht. So wie es ganz von alleine abläuft, hat das nämlich seinen Sinn.

Vielen von uns geht es also in dieser Zeit – auch wegen der Anti-Menstruations-Propaganda – nicht so richtig gut. Weil wir versuchen zu funktionieren, auch wenn unser Körper eigentlich gerade eine Regenerationspause bräuchte. Also jagen wir durch die Büros und Meetings und geben uns alle Mühe, uns auf keinen Fall anmerken zu lassen, dass wir uns gerade in dieser Phase des monatlichen Zyklus befinden. Wir ballern uns womöglich mit Pillen und Tropfen zu, die uns wie Roboter funktionieren lassen, damit bloß keiner mitkriegt, dass wir Frauen sind. Wenn wir nicht sogar Wege finden, mittels Pille, Spritze oder Implantat unseren gesamten Zyklus auf Eis zu legen.

Wer uns bei diesem Wahnsinn versteht – und beisteht –, ist natürlich unsere beste Freundin. Und das nicht nur, weil sie mit uns leidet, sondern auch, weil sie weiß, wie es sich anfühlt. Und wenn wir richtig viel Zeit miteinander verbringen oder sogar zusammen wohnen, passt sich unser Timing an, und wir beide sind gleichzeitig dran. Dann können wir uns gemeinsam einen Tag mit Decken, Ingwertee und Wärmflasche auf dem Sofa gönnen, Filme gucken und entspannen. Bis das Gröbste überstanden ist und wir wieder bereit sind, Bäume auszureißen. Gemeinsam natürlich!

»Ausnahmen sind nicht immer Bestätigungen
der alten Regel; sie können auch die Vorboten
einer neuen Regel sein.«

MARIE VON EBNER-ESCHENBACH
IN ›APHORISMEN‹

Grund Nr. 30

Weil die beste Freundin auch nicht drei Stunden täglich Pilates macht

Manche Frauen haben ja nicht unbedingt sehr viel zu tun. Und genug Kohle für schicke Sportstudios und Wellness-Tempel haben sie auch. Und hängen deshalb den halben Tag in Pilates-, Yoga- und Poledance-Kursen ab. Oder auf dem Tennisplatz. Anschließend Wellness. Zwischendurch Massage, Kosmetikbehandlung und richtig abgefahrenes Zeug wie Unterspritzungen, Laserbehandlungen und Ionen-Energetisierung. Ja, die sind straff, fit und können sich total sexy bewegen. Das haben sie ja auch im Bollydance-Kurs gelernt. Die Poren sind klar, die Zähne gebleacht und das Dekolleté hat die durch eine Laserbehandlung und Brust-Toning unterstützte Spannkraft. Kann man ja ruhig zugeben, dass das alles total schick aussieht.

Den Frauen, die es nicht als ihren Lebensinhalt betrachten, (für einen Typen) schick auszusehen, ist all dies nicht unbedingt möglich. Und auf Dauer wäre es vermutlich auch tierisch langweilig. Man muss ja nebenher auch noch sein Geld verdienen, die Welt retten und wichtige Freundschaften und Familienbande pflegen. Trotzdem neigt eine Otto-Normalverbraucherin (gibt es so etwas überhaupt?) manchmal einen flüchtigen Moment lang dazu, sich gegenüber den mit dickem Schmuck behängten Artgenossinnen etwas, ja, minder-betätschelt und -verschönert vorzukommen. Manchmal wirken diese gar nicht mehr wie Artgenossinnen, sondern wie schräge Aliens, die man am liebsten für ein Kuriositäten-Album porträtieren würde. Aber diesen Grusel-Faktor blenden wir mitunter geschickt aus und wünschen uns dann nur, dass unsere Hintern auch so hart sind.

Dabei wissen wir doch im Grunde ganz genau, dass wir das gar nicht brauchen. Und dass die beste Freundin genau wie wir keinesfalls von Männern und der restlichen Welt missachtet und links liegen gelassen wird, weil sie nicht mit so einem wahnsinnigen Turbo-Programm auffährt. Ganz im Gegenteil. Auch wir Frauen, die nicht auf einer Beautyfarm wohnen, haben großartige Anwärter um uns herum. Wir wissen, dass wahre Schönheit tatsächlich von innen kommt. Und an innerer Schönheit haben wir ja mehr als genug zu bieten! Und die trainieren wir. Täglich. Das lohnt sich nämlich tatsächlich!

»Denn unser Leib hat einmal den Fehler,
dass er umso mehr Bedürfnisse entdeckt,
je mehr er gepflegt wird.«
THERESA VON ÁVILA
IN ›WEG DER VOLLKOMMENHEIT‹

Grund Nr. 31

Weil die beste Freundin auch keine perfekten Brüste hat

Wir Menschlinge neigen ja manchmal dazu, uns permanent mit allen anderen zu vergleichen. Und der Wert, mit dem wir dabei abschneiden, wird dann zum Indikator unseres Selbstwertgefühls, unserer eigenen Schönheit, unseres Glücks und unseres Reichtums. Nur vergleichen wir uns leider selten mit denen, gegen die wir gewinnen würden, sondern nehmen uns die scheinbar reicheren, schöneren, glücklicheren Artgenossen vor.

Wenn wir zu viel TV, Musikclips und Medien wie schicke Hochglanz-Magazine konsumieren, kriegen wir ein seltsames Bild davon, wie Frauen auszusehen haben. Vor allem an den sekundären Geschlechtsorganen. In ebendiesen Medien sehen wir Tag für Tag, wie sich schon 17-jährige Friseur-Azubis mit Silikonkissen versorgen, weil sie so unter ihrer »unweiblichen« Körperform leiden. Weil sie schon, seit sie 14 Jahre alt waren, so extrem darunter gelitten haben, dass es jetzt absolut durchdacht und berechtigt ist, endlich einzugreifen. Und in Reality-Shows wird es dann tatsächlich so dargestellt, als hätten die 75B-Frauen ein echtes Problem, das unbedingt behoben werden muss. Ist schon schlimm, dass wir nicht alle gleich und wie Schaufensterpuppen aussehen! Echt tragisch!

Hätten wir nicht Freundinnen in unserem Umfeld, die sich auch nicht diesem seltsamen Zwang unterwerfen und dabei glänzend aussehen, könnten wir fast vergessen, wie sich die Natur uns Menschinnen gedacht hat: unterschiedlich und auf die jeweilige Art wunderschön. Mit großen und kleinen und in den meisten Fällen auch unterschiedlich großen Brüsten, die sich im Lauf unseres Lebens verändern. Und von den neuerdings zur Beauty-Baustelle mit Chirurgie-Bedarf aufgestiegenen Schamlippen will ich hier mal gar nicht erst anfangen …

»… die meisten Frauen, die sich operieren lassen, tun das doch nicht, um auf Männer attraktiver zu wirken, sondern um andere Frauen zu beeindrucken. Ich kenne […] keinen Mann, der auf künstliche Brüste und gestraffte Gesichtszüge steht. Es scheint, wir Frauen sind in dieser Hinsicht manchmal uns selbst die größten Feinde.«

Debra Winger in
›Über Schönheitsoperationen‹, ›Stern‹, 45/2008

Grund Nr. 32

Weil die beste Freundin weiß, an welchen Stellen Frauen Körperbehaarung haben

Da Frauen sich schon seit vielen Jahren mit den unterschiedlichsten Methoden der Körperhaar-Entfernung beschäftigen, wissen manche modernen Männer gar nicht mehr, wo Frauen eigentlich Haare hätten, wenn sie dieser aufwändigen Beschäftigung nicht nachgehen würden. Und sie wundern sich, wenn eine Charlotte Roche den total entgeisterten Stefan Raab darüber aufklärt, dass Frauen *natürlich* Haare am »Poloch« haben. »Ich kenn keine Frauen, bei denen Haare am Poloch …«, grinst er und merkt dabei überhaupt nicht, dass er reingelegt wurde. Männer denken offenbar mittlerweile wirklich, dass das, was bei einem ausgiebigen *Brasilian Waxing* rauskommt, ganz genau so zu sein hat. Und dass es niemals zuvor anders war, sondern ganz natürlich ist. Weich und unbehaart, wie bei kleinen Kindern. Manche Männer wollen die Wahrheit auch gar nicht erfahren und glauben weiterhin daran, dass Frauen weder Körperhaare noch Stuhlgang haben. Schon seltsam, dass sie dagegen mit ihren eigenen Körperhaaren und Verdauungsvorgängen so unverkrampft umgehen können.

Wie gut, dass unsere Freundinnen da nicht so empfindlich sind! Die wissen nicht nur genau darüber Bescheid, dass es im Grunde auf der gesamten Hautoberfläche mindestens feine, fast unsichtbare Härchen gibt. Mit denen kann man sich auch über den Umgang damit beraten. Und gemeinsam zum Waxing gehen, wenn man sich denn dafür entschieden hat.

Manche erledigen das sogar gegenseitig. Das wäre mir persönlich zwar ein bisschen zu krass, aber theoretisch kann es ja auch ein richtig nettes, lustiges und verbindendes Ritual sein. Ich gehe bisher aber lieber zu fremden Frauen und bezahle sie dafür, dass sie mir Schmerzen zufügen und mich hinterher abpudern ... Klingt ganz schön missverständlich, wenn ich diesen Satz noch mal isoliert betrachte. Vielleicht sollten mehr Leute zum Waxing gehen, um sich die Ausflüge in andere – und noch viel teurere – Folterkeller zu ersparen.

»Haar!
Wundervoller Mantel des Weibes in Urzeiten,
als es noch bis zu den Fersen herabhing
und die Arme verbarg.«
GUSTAVE FLAUBERT IN ›NOVEMBER‹

Grund Nr. 33

Weil die beste Freundin aus der Erfahrung gemeinsamer Diäten gelernt hat, dass das Leben für Selbstkasteiung zu kurz ist

In der Zeit, in der es für ein heranwachsendes Mädchen am aller-aller-allerwichtigsten ist, genauso auszusehen wie alle anderen, verschwendet man sehr viel Energie darauf, gegen seinen eigenen Körper zu kämpfen und total darunter zu leiden, dass er aussieht, wie er nun mal aussieht. Selbst wenn er eigentlich perfekt ist. Plötzlich ist Diät angesagt. Mit mehr oder weniger brachialen Methoden. Komplett fasten, sich übergeben, eine Diät mit einem richtig ausgeklügelten Plan, viel Sport, all so was und was auch immer gerade der große Trend auf dem gewinnträchtigen Diätmarkt ist. Wird alles ausprobiert und diskutiert, und es scheint, als wäre der Erfolg beim Abmagern das mit Abstand Wichtigste auf der ganzen Welt. Ach was, im ganzen Universum. Und dafür tut man dann auch alles.

Wenn ich jetzt zurückdenke, bin ich froh darüber, dass diese Zeit so weit hinter mir liegt und ich meinem Körper und seinen Signalen (Hunger, Durst, Sättigung) mittlerweile total vertrauen kann. Und dass ich heute weiß, wie mein Körper gern geformt sein möchte, und ihn einfach mal so aussehen lasse. Weil alles andere nicht durchzuhalten und sowieso von vornherein absurd ist.

Wenn ich mit meiner besten Freundin an diese anstrengend besessenen Zeiten zurückdenke, können wir nur mit den Köpfen schütteln. Wissen wir doch, dass wir genau jetzt schöner sind als jemals zuvor. Und dass das Leben viel zu kurz ist, um sich selbst den Spaß daran zu verderben. Wir genießen es, sonntags stundenlang zu brunchen, um dann irgendwann zu Beck's Green Lemon überzugehen. Falls wir nicht sowieso schon gleich mit Sekt angefangen haben. Dabei verzichten wir weder auf Kohlenhydrate noch auf das geile Fett. Und Waagen haben wir auch schon längst nicht mehr im Haus. Das wäre erst wieder interessant, wenn wir schwanger werden sollten. Bis dahin brauchen wir auch das Maßband nur dann, wenn's um Möbelstücke oder die Länge von Briefumschlägen geht. Sollten wir darauf Lust haben, würden wir uns auch 'nen Schokotorten-Schock verpassen. Ohne uns hinterher dafür zu schämen und zu bestrafen. Wir wissen, dass wir das Recht und sogar die Pflicht haben, glücklich zu sein! Und dass irgendeine Zahl auf irgendeiner Skala rein gar nichts darüber aussagt, wie liebenswert oder glücklich wir sind oder zu sein haben!

»Der höchste Genuss besteht
in der Zufriedenheit mit sich selbst.«
JEAN-JACQUES ROUSSEAU IN ›ÉMILE‹

Kapitel 4

ALLGEMEIN

»Ein Freund ist gleichsam
ein zweites Ich.«
Ambrosius von Mailand
in ›De officiis‹

Grund Nr. 34

Weil die beste Freundin dich nicht verlässt

Das erste Trauma im Leben kriegen die meisten von uns schon bei ihrer Geburt verpasst – wenn nicht sogar schon im Mutterleib. Das nächste dann, wenn wir uns zum ersten Mal verlassen fühlen. Weil die Eltern sich trennen, die Mama in den Urlaub fährt oder wir gemeinerweise im Kindergarten zurückgelassen werden. Vielleicht auch schon mal, wenn uns ein Elternteil oder ein Babysitter zu lange schreien lässt und wir in unserer Säuglingsseele glauben, von aller Welt verlassen worden zu sein. Und von da an reinszenieren wir unsere Dramen immer und immer wieder. Mannomann, ganz schön hart, so ein Leben! Und diese Strategie ist eigentlich ziemlich bescheuert. So wiederholen und erhalten wir den gleichen Schmerz nämlich immer und immer wieder.

Doch beste Freundinnen sind ähnlich treu wie Geschwister. Man macht manchmal harte Zeiten durch, braucht vielleicht auch mal richtig viel Abstand voneinander, aber letztlich verliert man sich nie wirklich aus den Augen. Und das ist nicht erst seit *Facebook* so. Wahre menschliche Verbundenheit ließ sich auch damals nicht zerstören, als man Leute noch nicht googeln konnte und Einheiten-Zähler am Telefon hatte. Kann man heute kaum glauben, ist aber so.

Ich hatte schon mehrere beste Freundinnen – so, wie das Leben sich verändert, wechseln natürlich auch immer wieder die passenden Bezugspersonen. Aber die mal den Rang der besten Freundin erreicht haben, bleiben auf jeden Fall in meinem Leben. Wahrscheinlich für immer. Und auch wenn da vielleicht mal eine ausgedehnte Pause dazwischenkommen könnte, kann ich doch jederzeit wieder anrufen, wenn es mal brennt. Und wenn sie sich bei mir melden, bin ich auch für sie da. Gar keine Frage.

Wenn ich in meine fränkische Geburtsstadt zurückkehre, muss ich mir jedenfalls nicht lange überlegen, wo ich unterkommen könnte. Mit meiner früheren besten Freundin ist es sofort so, als wäre da nie eine räumliche oder zeitliche Trennung gewesen. Und meine aktuelle beste Freundin in Hamburg ist auch nicht eifersüchtig. Die freut sich, dass sich jemand um mich kümmert. Warum? Weil all unsere Freundschaften erwachsen geworden sind und wir wissen, dass Festhalten und Eifersüchtigsein keinen Sinn machen. Und dass Trennung sowieso eine Illusion ist. Deswegen sind wir auch nie wirklich allein.

»Eine Freundschaft,
die beendet werden kann,
hat eigentlich nie so recht begonnen.«
Mellin de Saint-Gelais
in ›Oeuvres poétiques‹

Grund Nr. 35

Weil die beste Freundin auch morgens um vier für dich da ist

Notfälle sind natürlich immer so etwas wie eine Definitionssache. Wenn ich mir einfallen ließe, dass mein abgebrochener Fingernagel als Notfall einzustufen ist, würde ich bei der Notaufnahme des örtlichen Krankenhauses wahrscheinlich nicht besonders enthusiastisch in Empfang genommen. Sollte ich allerdings erst um vier Uhr morgens ausflippen, weil mich schon am vergangenen Tag ein Mann, der es doch eindeutig und klar versprochen hatte, nicht angerufen hat, und weil ich jetzt immer deutlicher merke, dass seine Frist abgelaufen ist und diese Stille auf jeden Fall viel zu bedeuten hat, und weil mich das tierisch aufregt und verletzt, dann kann ich bei meiner besten Freundin anrufen. Oder einfach vorbeigehen. Auch wenn sie morgens raus muss. Und dann kann sie mir entweder sagen, dass es keinen Grund gibt, so auszuflippen, und dass ich mich ganz dringend entspannen müsse, oder sie spinnt mit mir böse Rachepläne oder guckt mit mir DVDs im Bett. Früher, bevor die Beziehungen stabil wurden, war das zumindest so. Als man noch dachte, dass wegen so einer Sache die Welt untergeht, weil das weitere Lebensglück an genau dieser einen Person hängt.

Heute weiß ich gar nicht genau, welche Situation für mich als Vier-Uhr-morgens-Notfall durchgehen würde, weil ich es meist im Griff hab, mich selbst zu entspannen, wenn mich etwas zum Durchdrehen bringt. Aber ich weiß: Wenn es so weit wäre, dass nichts mehr ginge, könnte ich meine beste Freundin anrufen oder erbarmungslos vor ihrer Tür stehen.

Und sie wird nicht den Kopf schütteln, sie wird sich nicht ärgern, sie wird mich in den Arm nehmen und mich mit all ihrem Mitgefühl unterstützen. So lange, bis ich wieder allein lebensfähig bin. Ich hoffe, es wird nicht dazu kommen. Aber ich weiß, dass sie da wäre. Und dafür danke ich ihr schon mal!

»Alles, was man vergessen hat,
schreit im Traum um Hilfe.«
ELIAS CANETTI IN ›DIE PROVINZ DES MENSCHEN,
AUFZEICHNUNGEN 1942–1972‹

Grund Nr. 36

Weil die beste Freundin dich deckt, wenn du einen Fehler machst

Ich werde es jetzt mal ganz öffentlich zugeben: Ich habe viele Fehler gemacht. Schlimmer noch: Ich werde auch weiterhin Fehler machen. Immer und immer und immer wieder. Vielleicht werden es sogar ganz furchtbare, unverzeihliche Fehler sein. Und solche, die große Scham auslösen. Oder auch nur ganz kleine Fehlschläge, die anderen gar nicht auffallen. Und nach jedem einzelnen dieser Ereignisse werde ich versuchen, daraus zu lernen, aus jedem einzelnen blöden Ding, das in meinem Leben nicht ganz gerade gelaufen ist. Was dem Fehler dann wenigstens im Nachhinein noch einen Sinn verleiht. Doch damit es durch eine kleine Dummheit nicht gleich zu einem nicht mehr zu reparierenden Super-GAU kommt, ist Diskretion manchmal ganz nützlich. Um nicht zu sagen: unabdingbar. Manchmal darf die Wahrheit eben erst posthum an das Licht der Öffentlichkeit.

Die beste Freundin liefert dir eine meisterhafte Ausrede, wenn du einen kleinen oder größeren Zeitpuffer brauchst, um für dich selbst etwas herauszufinden, bei dem du gerade keine Zuschauer gebrauchen kannst, bevor du heimlich alles wieder geradegebogen hast. Und Mitwisser auch nicht. Außer der besten Freundin. Denn die hilft dir. Ob sie es gutheißt oder nicht, sie bleibt loyal und badet es sogar mit aus, falls es dann doch mal rauskommt und richtig peinlich werden könnte.

Als ich zum Beispiel mal – ist natürlich ganz lange her – mit meiner besten Freundin und meinem damaligen Partner auf einer Silvesterparty war und glaubte, dort meinem wahren Traummann begegnet zu sein, lenkte sie meinen Partner für mehrere Stunden ab und behauptete immer wieder, mich gerade eben erst irgendwo »da drüben« gesehen zu haben. So konnte ich in Ruhe herausfinden, dass auch die neue Bekanntschaft nicht mein Traummann war. Ich hab ihn am nächsten Tag trotzdem getroffen, um das noch einmal bei Tageslicht zu überprüfen. Zum Glück hatten wir damals noch keine Handys, sonst wäre es etwas schwieriger gewesen.

Nicht, dass ich das Lügen propagieren will. Ganz im Gegenteil. Im Grunde bin ich für radikale Ehrlichkeit, weil ich überzeugt bin, dass nur die uns wirklich frei macht. Aber alles hat eben seine Zeit und seine Berechtigung. Und manche Dinge muss man eben herausfinden, ohne dass einem andere über die Schulter gucken.

»Aber man muss sich verkleiden,
um die Gesellschaft zu demaskieren,
muss täuschen und sich verstellen,
um die Wahrheit herauszufinden.«
GÜNTER WALLRAFF IN ›GANZ UNTEN‹

Grund Nr. 37

Weil die beste Freundin dich im richtigen Moment belügt

In mindestens 99,99% aller Fälle ist es die einzig richtige Entscheidung, die Wahrheit zu sagen. Davon bin ich völlig überzeugt. Zu 100 Prozent. Nur die Wahrheit befreit und entspannt komplett und eröffnet außerdem die Möglichkeit, konstruktive Lösungen zu finden.

Aber manchmal eben auch nicht. Manchmal stellt die Wahrheit nämlich exakt den falschen Weg und die denkbar schlechteste Variante dar, um erfolgreich durchs Leben zu kommen. Zwischen all diesen Momenten, in denen die Wahrheit heilsam ist, gibt es nämlich auch ein paar, in denen das angesagt ist, was man in den USA »Sugar-Coding« nennt. Das bedeutet, eine bittere Wahrheit unter einer dicken Zuckerschicht zu verpacken, um sie verdaulicher zu machen. Wie bei dem bitteren Hustensaft, der sich viel leichter schlucken lässt, wenn man ihn in Kombination mit ein bisschen Traubenzucker verabreicht. Manchmal hilft es nämlich überhaupt nicht weiter, ein schlimmes Gefühl oder eine schlimme Angst durch eine schreckliche Gewissheit noch schlimmer und unerträglicher werden zu lassen. Und manchmal ist auch der richtige Zeitpunkt dafür einfach noch nicht gekommen. Manchmal muss ein Thema erst mehrfach vorsichtig umkreist werden, bis man dazu bereit ist, sich *offen* damit zu konfrontieren. Manchmal braucht es dafür einfach Anlauf. Manchmal brauchen wir aber auch Illusionen, um die Zeit zu überbrücken, bis wir die harte Wahrheit ertragen können.

Es ist eine Kunst, Gespür dafür zu entwickeln, wann welche Variante angesagt und heilsam ist. Deine beste Freundin hat stets dein Bestes im Sinn und weiß genau, für welche einzelnen Fälle welcher Weg der richtige ist. Und wo die Wahrheit nur noch mehr Schmerz verursachen und absolut gar nichts besser machen würde. Und sie weiß auch ganz genau, wann Klartext angebracht ist und es in Kauf genommen werden muss, dass wir einen gehörigen Schock bekommen. Wenn sie dich von der Wahrheit verschont, wird das eben auch gute Gründe haben. Und so sehr wir sie gerade dafür schätzen, dass sie uns über alles Mögliche und Unmögliche auf dem Laufenden hält, so ist auch das eine Entscheidung, die wir ihr wirklich hoch anrechnen sollten.

»Der felsenfesten Wahrheit
bringt der Mensch Verehrung nicht entgegen:
wohl aber einer schönen Lüge.«
GILBERT KEITH CHESTERTON IN ›KETZER‹

Grund Nr. 38

Weil die beste Freundin auf deinen Rat hört

Kaum etwas fühlt sich schlimmer an, als nicht ernst genommen zu werden. Oder überhaupt nicht erst gehört zu werden, weil die eigene Meinung für andere einfach keine Rolle spielt und gar nicht interessiert. Leider passiert das den meisten von uns viel zu oft. Wir sagen, was wir denken, aber es passiert nichts. Weil es keinen interessiert. Das fühlt sich ziemlich scheiße an und führt nicht selten dazu, dass Leute aufhören, ihre Meinung zu sagen. Und zu Menschen werden, die noch beschissener sind. Nämlich solchen, die immer nur genau das sagen, von dem sie denken, dass andere es gerade hören wollen, und sich immer davor schützen, in irgendeiner Form angreifbar zu sein. So wollen wir natürlich auf gar keinen Fall sein. Wir wollen unsere Meinung sagen, authentisch sein, und im Idealfall wollen wir auch noch, dass jemand auf unsere ehrliche und authentische Meinung Wert legt. Und vielleicht hier und da auch mal einen unserer Vorschläge annimmt oder zumindest ernsthaft darüber nachdenkt. Wer ist es, der das in jedem Fall macht?

Deine beste Freundin! Sie hört dir nicht nur zu, sie glaubt dir auch, wenn du etwas sagst. Und sie gibt deiner Meinung sogar die Chance, ihr ganzes Leben zu verändern.

Meine beste Freundin und ich beraten uns über so gut wie alles. Darüber, ob wir irgendwelche Jobs annehmen oder behalten sollten. Für Männer gilt das genauso. Oder für Frauen. Es geht um die passende Wohnung, die Einrichtung, kurzum: Alles wird besprochen und ausdiskutiert. So lassen sich blinde Flecken vermeiden. Deine und ihre. Deine beste

Freundin nimmt dich einfach schon ganz grundsätzlich ernst. Und wenn du Zweifel an ihrer Entscheidung hast, wirst du es ihr sagen. Sie wird sich dann noch mal alles ansehen und am Ende trotzdem selbst entscheiden. Aber auf keinen Fall wird sie deinen Rat, dein Gefühl, deine Intuition einfach übergehen oder für irrelevant halten. Dafür bist du ihr einfach viel zu wichtig.

»Wer das tut, was er tut mit Rat,
Den reuet selten seine Tat.«
THOMASIN VON ZERKLAERE
IN ›DER WELSCHE GAST‹

Grund Nr. 39

Weil die beste Freundin dich zu Familienfeiern begleitet, wenn du Single bist

Schon mal als Single auf einer Hochzeitsfeier gewesen? Vielleicht sogar als einziger Single von über acht Jahren mit einem exklusiven Platz am Kindertisch? Ich schon – mehrmals. Und ich muss ganz deutlich sagen, dass das kein besonders großes Vergnügen ist. Wenn der Großonkel dich aus Mitleid zum Tanz auffordert, während alle anderen ihre total romantischen Anwandlungen kriegen und im Geiste ihre eigene Hochzeit planen. Oder an ihre eigene zurückdenken. Bei einer Hochzeit wird ja all der negative Kram vergessen. Zugunsten dieser romantischen Fantasie: »Sie lebten glücklich bis an ihr Ende.« Na ja, zugegeben, ich mag diese Fantasie ja auch ab und zu ganz gerne. Aber wenn man gerade nicht in einem Planungs- oder Reminiszenz-Stadium ist, wirkt dieser sentimentale Kram sich womöglich ganz schön verstörend aus. Vor allem in Kombination mit Alkohol, den man dann aus lauter Frust in sich hineinschüttet, bis es völlig egal ist, ob und mit wem man tanzt.

Aber auch bei anderen familiären Festivitäten erntet man eher skeptische Blicke, wenn man sich nicht – wie alle anderen – schön brav in einer monogamen Beziehung wie in einem Angestelltenverhältnis niedergelassen hat, um für die 40 Jahre bis zur Rente funktional vor sich hin zu vegetieren, wie es sich gehört. Es führt zwar auch zu skeptischen Blicken, wenn man statt eines männlichen Lebensgefährten mit der besten Freundin erscheint, weil dann natürlich ganz andere Vermutungen auftauchen. Was sich allerdings sehr viel besser ertragen lässt als dieses seltsame Mitleid in Verbindung mit den Theorien, nach denen zu starke Frauen die armen Männer in die Flucht schlagen und man doch auch mal die Ansprüche ein bisschen runterschrauben müsse. Wenn die beste Freundin mit am Start war, kannst du zumindest hinterher über alle lästern oder aus Frust mal so richtig einen über den Durst trinken. Im Grunde ist die beste Freundin auch weniger blamabel als der eine oder andere Prinz, den man womöglich trotz seiner nicht vorhandenen Tischmanieren ganz scharf findet und meint anschleppen zu müssen.

Auch ich bin schon bei fremden Festivitäten als Puffer eingesprungen. Und habe entweder viel Spaß gehabt oder aber auch überraschend viel gelernt.

Als begleitende beste Freundin kriegt man zumindest eine erweiterte Perspektive auf seine eigene und auch auf andere Familien. Ich weiß mittlerweile, wie Weihnachten und schwule Hochzeits-Jubiläen in den Familien meiner Ladys aussehen. Und manchmal wär ich sogar lieber dort als bei den eigenen Schwiegereltern …

»Dabei bist du eingeladen!
Auf das beste aller Feste
auf der Gästeliste eingetragen!«
FETTES BROT IN ›JEIN‹

Grund Nr. 40

Weil die beste Freundin mehr über dich weiß als jeder andere

Es gibt Dinge über mich, die sollte niemals irgendjemand wissen. Kein Mensch auf diesem Erdenrund. Viel zu peinlich, egal, wie lange sie schon her sind. Und doch gibt es sie. In meinem und wahrscheinlich auch in deinem Leben. Doch weil man an der furchtbaren Erinnerung ersticken würde, wenn man sie komplett für sich behalten müsste, ist zumindest eine Person voll und ganz im Bilde. Von mir weiß sie zum Beispiel schon seit meinem 20. Lebensjahr, wie ich bestattet werden will und was nach meinem Tod mit all meinen Tagebüchern passieren soll. Und auch sonst ist sie die einzige Person, die *wirklich* Bescheid weiß. Über jeden noch so furchtbaren Fehltritt, über jeden noch so üblen Gedankengang (ja, auch dass ich das eine oder andere Mal gern jemanden tot gesehen hätte). Ich weiß ja, dass sie mich deswegen nicht für einen schlechteren Menschen hält, sondern sich selbst für einen normaleren, weil wir natürlich alle Leichen im Keller haben.

Das, was mir meine besten Freundinnen unter dem Siegel der Verschwiegenheit anvertraut haben, ist wahrscheinlich so ziemlich das Einzige, das ich *wirklich* nie irgendwo ausgeplaudert habe. Und noch nicht einmal aufgeschrieben. Noch nicht einmal in komplett anonymisierter Form. Diese Freundschaft und dieses Vertrauen sind einfach zu wertvoll – ganz egal, wie geil und abgefahren die Geschichte als Teil einer Romanhandlung wäre. Und obwohl es schon mehr als genug schmutzige Wäsche über mich auszuplaudern gibt, meine beste Freundin kriegt immer noch mehr davon, weil ich weiß, dass es bei ihr bleiben wird, egal, wie abgefahren es ist und wie viele Prominente daran beteiligt sind, die man auch gleich mit in die Pfanne hauen könnte. Ganz klar, meine beste Freundin hält das aus. Nicht nur, weil ich auch von ihr Geheimnisse kenne, die so schlimm sind, dass sie niemals jemand wissen darf. Von mir wird es keiner erfahren, so viel ist schon mal klar.

»So erfahr ich Sachen über mich,
die ich selbst nicht gewusst habe.
Hab gehört, ich rasier mir
meine Beine und Brusthaare«
SAMY DELUXE IN ›HAB GEHÖRT‹

Grund Nr. 41

Weil die beste Freundin auch mal Fan einer wirklich peinlichen Band war

Dies wird jetzt ein Outing der ganz besonderen Art. Heutzutage bin ich sehr stolz auf meinen Musikgeschmack und auf die Künstler, die ich unterstütze, weil ich sie für großartige Menschen halte, und deren Musik ich kaufe, obwohl sie mir ihre CDs auch schenken (danke, Samy und Bergitta!). Ich twittere über die Konzerte, auf die ich gehe, weil ich will, dass alle wissen, wen ich toll finde! Ganz klar! Und absolut gerechtfertigt. Sind ja auch die Hammer-Musiker, die muss doch *jeder* kennen und schätzen lernen! Da gibt's auch keine MP3s von mir gebrannt oder auf den I-Pod gezogen – die sollen sich das mal schön kaufen, nachdem ich es ihnen vorgespielt und sie auf das Genie hingewiesen hab …

Aber früher, da war ich auch mal ein sehnsüchtiger, leicht manipulierbarer Teenager und habe gehört, was alle anderen auch hörten. Und ich verging fast vor Sehnsucht nach einem blassen und zu kurz geratenen Milchbubi. Allerdings bin ich schon ziemlich froh, dass ich nicht in einem Zeitalter aufwachsen musste, in dem man sexuelle Fantasien zu Tokio Hotel entwickelt. Das würde mich jetzt doch anhaltend verstören. Nein, so schlimm waren die Typen damals bestimmt nicht.

Aber auch meine Teenie-Vorlieben sind mir heute schon peinlich genug. In meinem Jahrgang waren Take That die aktuellen Götter und wohl auch die ersten Männer, die ich angehimmelt habe. Brr, mich schüttelt es gerade. Ich war zwölf, als ich zum ersten Mal auf einem ihrer Konzerte war. Dass ich mir mein nächstes Ticket für ein Janet-Jackson-Konzert besorgte, macht das wohl auch nicht viel besser. Was aber gut zu wissen ist: Auch meine Freundin hatte keinen viel erleseneren Geschmack, allerdings war sie ein paar Jahre früher dran, weil sie ja auch ein paar Jahre älter ist (hihi). Und NKOTB war die Abkürzung, die sie auf ihr Federmäppchen gekritzelt hatte. Welchen der Boys wir uns jeweils ausgesucht haben, bleibt aber unter uns. Das wäre jetzt wirklich zu peinlich! Und es ist so gut zu wissen, dass echte beste Freundinnen dichthalten!

»Mit der Wahrheit ist es
wie mit einer stadtbekannten Hure.
Jeder kennt sie, aber es ist peinlich,
wenn man ihr auf der Straße begegnet.«

WOLFGANG BORCHERT
IN ›DRAUSSEN VOR DER TÜR‹

Grund Nr. 42

Weil die beste Freundin dich in den Arm nimmt, wenn du es brauchst

Manchmal ist alles so schlimm, dass nichts mehr zu helfen scheint: kein Alkohol, keine Schokolade, kein Shopping-Exzess und kein Bungee-Sprung. Es ist dann so schlimm, dass man noch nicht mal etwas davon ausprobieren will. Da braucht man einfach Arme, die einen liebevoll festhalten, und vielleicht auch noch eine Schulter zum Ausheulen. Zum Glück musst du deine beste Freundin noch nicht einmal darum bitten. Sie merkt sofort, was du brauchst, auch wenn du dir da selbst noch nicht wirklich sicher bist. Sie tut es sogar, wenn du erst mal zurückschreckst, weil du der Meinung bist, du müsstest jetzt ganz dringend alleine sein. Und sie liegt auf eine fast prophetische Art richtig. Dann dauert es gar nicht lange, bis es dir schon wieder etwas besser geht. Toll!

Bei meiner besten Freundin und mir ist es fast schon wie Magie. Wenn ich allein zu Hause rumsitze und grüble und davon nach und nach immer schlechtere Laune krieg, ruft sie ganz zufällig an und ist gerade genauso zufällig in meiner Nähe. Und innerhalb von zwanzig Minuten steht sie mit meiner Lieblingssuppe vom Thai-Imbiss in meiner Küche (9b mit Reis von bok). Oder sie lotst mich für einen Kumpir in der Sonne nach draußen, was dann auch schnell meine Stimmung verändert. Manchmal ruft sie mich an, weil sie zu viel gekocht hat, und fragt, ob sie auf dem Weg zur Arbeit Suppe vorbeibringen soll. Ich freu mich und denk mir: Wie niedlich! Dafür mach ich ihr den besten Soja-Latte der Welt, wenn sie hier ist.

Dann gibt es aber auch Zeiten, in denen ich tatsächlich nicht unbedingt viel reden, sondern *wirklich* erst mal alles für mich selbst klären will. Auf wundersame Weise lässt meine beste Freundin mich dann komplett in Ruhe oder ist selbst gerade sehr beschäftigt. Vielleicht schickt sie mir noch 'ne SMS, in der sie mir sagt, dass sie in Gedanken bei mir ist und gerade auch Zeit für sich braucht.

Und wenn wir dann erst mal wieder reden, sprudelt es aus uns beiden nur so heraus, und alles ist bestens. Wenn die Balance zwischen Nähe und Distanz auch in Liebesbeziehungen so einfach herzustellen wäre, würden die sich bestimmt auch öfter bewähren. Und länger halten.

Na ja, aber mit der besten Freundin hast du wenigstens *eine* Konstante, auf die du dich verlassen kannst. Die nächste Umarmung kommt bestimmt!

*»Jedwede Kreatur hat einen Urtrieb
nach liebender Umarmung.«*
Hildegard von Bingen
in ›Der Mensch in der Verantwortung‹

Grund Nr. 43

Weil die beste Freundin jeden hasst, der gemein zu dir war

Wenn ich mich so *richtig* über jemanden ärgere, will ich, dass die ganze Welt ihn oder sie sofort abgrundtief hasst. Funktioniert natürlich nicht, hat ja auch nicht jeder einen Grund dazu. Und es ist zugegebenermaßen ein sehr kindisches Bedürfnis, das ist mir schon klar. Trotzdem ist es manchmal da, wenn ich so richtig sauer bin. Liegt vielleicht auch einfach an meinem Sternzeichen, keine Ahnung. Meine beste Freundin weiß natürlich auch, dass es Quatsch ist, stellvertretermäßig jemanden scheiße zu finden. Und trotzdem macht sie mit. Die ist mit mir zusammen zickig und gemein und findet es auch *total unmöglich*, was da abgelaufen ist. Mindestens so sehr wie ich. Und das einfach mal nur so, aus reiner Loyalität.

Und wenn ich mich wieder entspannt und ihm oder ihr (und mir) verziehen habe, mag sie ihn oder sie meistens auch wieder. Oder hält zumindest nicht mehr ganz so viel Sicherheitsabstand. Wobei – im Grunde hasst sie noch immer ehemals gemeine Exfreunde von mir, mit denen ich längst wieder einen zivilen und netten Umgang pflege. Vielleicht sollte ich da doch noch ein Versöhnungsritual einführen, das sie mit einschließt.

Aber zurück zum Thema. Natürlich lasse auch ich mich von fast jedem Menschen restlos entgeistern, wenn er oder sie gemein zu meiner besten Freundin war. Da ist dann auch mit mir nicht mehr gut Kirschen essen, und jede Art von Schleimerei kann man sich ganz getrost sparen. Ich halte das in diesem Fall ganz wie Jesus: »Was du dem Geringsten meiner Brüder getan hast, das hast du mir getan!«

Bei mir geht's allerdings nicht nur um Brüder, sondern gerade auch um die Schwestern und ganz besonders die besten Freundinnen. Bei Jesus zwar angeblich auch, aber man muss es wohl noch mal deutlich sagen, damit es auch jede(r) versteht: Wer Menschen ärgern will, die ich lieb habe, wird mit mir sicherlich keine Freude haben. Vielleicht wird es sogar gefährlich, ich hab nämlich ein fieses Sternzeichen. Also: Gut überlegen. Und zwar vorher!

»Wir sind bereit für diesen Weg,
mehr als zu zweit auf diesem Weg«
Brothers Keepers in ›Bereit‹

Grund Nr. 44

Weil die beste Freundin bei der Partnerwahl nicht auf dein Okay verzichten kann

Der Partner oder die Partnerin deiner besten Freundin wird unweigerlich einen nicht unwesentlichen Einfluss auch auf dein weiteres Leben haben. Diese Menschen lassen sich ja leider nicht einfach so ausblenden, egal, wie gern du das manchmal tätest. Selbst wenn du den Menschen so schrecklich findest, dass du dafür sorgst, ihm oder ihr möglichst niemals oder höchstens sehr selten zu begegnen.

Manchmal zeigt sich dieser Partner-Einfluss nämlich auch nur darin, dass die Frequenz, in der deine beste Freundin deine Unterstützung braucht, sehr davon abhängen kann, ob sie in einer heilsamen Beziehung lebt. Oder permanent Dramen durchleidet, aus denen sie von dir gerettet und natürlich auch mit viel Aufwand getröstet werden muss. Selbstverständlich erträgst du es tapfer, wenn sie es zu lange mit einem Fehlgriff versucht, hältst Händchen, wenn sie sich deswegen mal wieder ausheulen muss, und stehst hinter ihr, wenn sie sich entscheidet, ihn oder sie zu verlassen. Egal, wie oft sie für die Umsetzung ihres Plans Anlauf nehmen muss. Nur um es dann doch schon wieder noch mal mit ihm oder ihr zu probieren. Puh! Das kann echt anstrengend sein, aber es gehört eben auch zu einer Freundschaft.

Wenn es dann endlich geschafft und die schwere Trennung überstanden ist, gibt es erst mal ausgiebig Frauenzeit, die ihr gemeinsam zelebriert, bis es womöglich wieder so weit ist, sich auf einen neuen Versuch mit einem Flirt einzulassen und allem, was sich daraus entwickeln kann.

Eine beste Freundin würde allerdings nie komplett gegen deine Einschätzung agieren, wenn es um die *wirklich* großen Fragen geht. Macht ja auch keinen Sinn. Du kennst sie ja gut und willst nur ihr Bestes. Auch wenn das heißen sollte, dass sie wegen ihrem Traumpartner nach Australien zieht und du sie kaum mehr zu Gesicht bekommen wirst. Wenn sie denkt, dass sie das glücklich macht oder zumindest in ihrer persönlichen Entwicklung weiterbringt, wirst du sie dabei unterstützen. Egal, wie schade du es findest. Und wenn sie dann wieder zurückkommt, bastelt sie liebend gern mit dir am nächsten Plan.

»Nichts wirkt so eintönig
wie ständige Zustimmung.«
JOSEPH JOUBERT
IN ›GEDANKEN, VERSUCHE UND MAXIMEN‹

Kapitel 5

REDEN & KOMMUNIZIEREN

»›Bewusstes Kommunizieren‹
zwischen Menschen setzt voraus,
dass sie das ›Unbewusste‹
miteinander gemein haben.«
Pierre Bourdieu in ›Sozialer Sinn‹

GRUND NR. 45

Weil du mit der besten Freundin zur Verständigung keine Worte brauchst

Die Anzahl von Wörtern, die wir zur Kommunikation zur Verfügung haben, ist leider begrenzt. Je nach Sprache auf viel oder viel, viel, viel zu wenige Möglichkeiten. Daher reichen die Wörter manchmal einfach nicht aus, um all diese komplexen und komplizierten Dinge zu sagen, die es in intimen Frauenfreundschaften auszudrücken gibt.

Noch komplizierter wird es dann, wenn nur eine bestimmte Person die Message verstehen soll und nicht alle, die gerade zufällig in der Nähe sind. Doch beste Freundinnen kriegen das hin, meist sogar komplett ohne einen Geheimcode, wie man ihn zu Teenie-Zeiten einsetzte (Wie ging das eigentlich noch mal? Tangelenz-fangelenz-radangelenz?). Heutzutage reicht uns ein einziger kurzer und extrem unauffälliger Blick, und schon ist alles klar. Oder eine minimale Bewegung des Fußes oder der Hand. Vielleicht auch nur eines Fingers oder des Randes einer Augenbraue. Die Botschaft kommt an, wird verstanden und sofort beachtet: Ob Gehen oder Bleiben angesagt ist, ob sie die Klappe halten oder mit einer Ausrede einspringen soll, mit der sie uns aus einer misslichen Situation rettet, es wird alles so kommuniziert, dass keiner den Austausch überhaupt mitbekommt. Das ist alles noch viel, viel cooler als bei dem ollen 007. Und funktioniert ganz ohne ausgeklügelte Gadgets von einem »Q«. Sollte es beim Signalisieren tatsächlich einmal ausnahmsweise nicht zur Übermittlung auch der letzten wichtigen Details ausgereicht haben, gibt man sich einfach ein schnelles Zeichen und trifft sich konspirativ draußen, auf der Toilette oder in der Küche, um sich eben doch noch kurz ungestört verbal auszutauschen. Und wenn die vorhandenen Wörter nicht ausreichen, erfinden wir eben einfach mal neue. Meine beste Freundin hat jedenfalls ein paar Signalwörter erfunden, mit denen wir uns schnell über Dinge verständigen können, die andere weder verstehen würden noch sollten. Zum Beispiel, dass da jemand ist, der einen nicht sehen soll, oder dass ich jemanden so unerträglich scheiße finde, dass ich ihn nur aushalte, wenn ich mir vorstelle, wie sein Kopf zermatscht wird – in dem natürlich rein gar nichts drin ist –, und dass sie dringend etwas tun muss, um mich davor zu retten, ihm eine Unverschämtheit entgegenzuschleudern. Sie schnallt es sofort, und dann wird gehandelt.

»Es gibt Männer, die die Beredsamkeit
weiblicher Zungen übertreffen.
Aber kein Mann übertrifft
die Beredsamkeit weiblicher Augen.«
Karl Julius Weber
in ›Demokritos oder hinterlassene Papiere
eines lachenden Philosophen‹

Grund Nr. 46

Weil die beste Freundin nicht sauer wird, wenn du sie ständig unterbrichst

Manchmal hab ich so viel zu sagen, dass es mir total schwerfällt zuzuhören. Das ist mir schmerzlich bewusst, und deshalb gebe ich mir schon lange erfolglos große Mühe, an dieser schlechten Angewohnheit zu arbeiten. Doch gerade wenn ich total aufgeregt oder aufgebracht bin, funktioniert das nicht besonders gut. Und wenn ich mit meiner besten Freundin spreche und dabei aufgeregt bin, erst recht nicht. Das liegt nicht nur an meinem großen Mitteilungsbedürfnis, sondern auch daran, dass ich oft schon nach den ersten beiden Sätzen meiner Freundin genau weiß, was sie sagen will, und darauf reagieren kann. Und ich verspüre den unbändigen Drang, das auch unbedingt sofort zu tun. Schließlich hat man ja auch nicht ewig Zeit, so ein Leben ist doch ziemlich kurz. Für Unbeteiligte mag das so aussehen, als würde ich meine Freundin ständig unterbrechen, in Wirklichkeit beschleunigen wir aber nur unsere Kommunikation und packen ganz viele Themen in ein ganz kurzes Zeitfenster. Egal, ob wir es eilig haben oder nicht.

Aber selbst wenn ich so unhöflich bin, sie tatsächlich immer wieder zu unterbrechen (und mich auch immer wieder dafür entschuldige, es aber trotzdem einfach nicht lassen kann), wird sie nicht sauer. Weil sie weiß, dass ich manchmal einfach erst mal alles rauslassen muss. Und dass sie danach drankommt und dann auch ohne Punkt und Komma reden darf. Und dass es manchmal auch genau umgekehrt läuft und ich dann ebenso geduldig damit umgehe und mich zurückhalte. Das funktioniert deshalb so gut, weil wir uns danach richten, wer gerade dringender etwas loswerden muss. Da braucht es dann auch keine vorgetäuschte Höflichkeit, die uns dazu zwingt, das eigene Bedürfnis zu unterdrücken. Es kann erst mal alles raus. Wenn sie mein Dazwischenreden stören würde, könnte sie das einfach sagen. Und auch das wäre in Ordnung und würde der Freundschaft keinen Abbruch tun, die ist nämlich viel zu wichtig, als dass ein bisschen Klappehalten-Müssen daran etwas verändern könnte.

»Eine kleine Betriebsstörung
im Verkehr zweier Herzen
kann immerhin vorkommen.«
WILHELM BUSCH IN ›EDUARDS TRAUM‹

Grund Nr. 47

Weil die beste Freundin deine Geheimnisse nicht ausplaudert

Vertrauen ist ja bekanntlich die Basis jeder Beziehung. In der Beziehung zur besten Freundin nimmt Vertrauen allerdings einen ganz besonders hohen Stellenwert ein. Mit meiner besten Freundin spreche ich über die schrägsten und auch über die unangenehmsten Dinge. Über mein Testament beispielsweise und darüber, was nach meinem Tod mit meiner Leiche passieren soll. Und mit all meinen Gedichten und Tagebüchern. Wahrscheinlich ist sie die Einzige, die *wirklich* weiß oder wissen darf, welche Menschen in meinem Leben eine Rolle gespielt haben und noch spielen. Wer tatsächlich nur ein Kumpel für mich war und in wen ich heimlich verknallt war oder es vielleicht auch immer noch bin. Sie weiß, wie oft und wie furchtbar ich mich schon blamiert habe. Sie weiß, wem ich den Tod gewünscht habe und welche Dinge ich mir abgesehen davon nur sehr schwer verzeihen konnte. Und ich habe andererseits Einblick in die Abgründe ihrer Seele und ihrer ganzen Lebensgeschichte inklusive all der peinlichen Geschichten über Familienmitglieder und Ex-Mitschüler.

Und all diese Dinge bleiben zwischen uns und knüpfen ein Band, das mit der Zeit immer und immer dicker wird. Doch dieses Band gehört nur uns. Das geht keinen was an, und ich würde einen Scheiß tun und etwas davon verraten. Sie weiß, dass sie sich auf meine Diskretion verlassen kann. Und ich verlasse mich voll auf ihre. Für alles, was ich über sie in dieses Buch schreibe, hole ich mir ganz explizit ihre Erlaubnis. Selbst wenn alles sowieso anonymisiert wird. Sie sagt mir jedes Mal, dass ich sie nicht fragen müsse, weil sie mir sowieso vertraut. Doch ich frage sie trotzdem, damit sie nie auf die Idee kommt, dass ich irgendetwas ausplaudern könnte, was sie nicht möchte. Das wäre kein Bestseller dieser Welt wert. Selbst wenn wir von den Einnahmen aus solchen Enthüllungen beide aussteigen und uns den einen oder anderen geheimen Traum erfüllen könnten. Wir halten das wie die Hoteliers in Las Vegas: Was wir unter uns erleben, bleibt unter uns. Gar keine Frage. Egal, wer fragt.

»Eine der wichtigsten Tugenden
im gesellschaftlichen Leben,
die täglich seltener wird,
ist die Verschwiegenheit.«
Adolph Freiherr Knigge
in ›Über den Umgang mit Menschen‹

Grund Nr. 48

Weil die beste Freundin zehn Stunden am Stück mit dir am Telefon hängt

Manchmal verbringe ich komplette Tage mit meiner Freundin. Ohne Pause. Inklusive Toilettenbesuchen, Kochen, Kaffeemachen und Essen. Vielleicht auch Fernsehen. Und das alles am Telefon. Manchmal am Telefon und im Netz gleichzeitig. Man muss sich ja auch ab und an gegenseitig Sachen zuschicken oder Webseiten gemeinsam ansehen, die man dann praktischerweise gleich besprechen und begutachten kann.

Klar könnten wir uns auch einfach ganz real und live treffen und miteinander rumhängen. Klar ist auch, dass wir nicht unbedingt immer genug Gesprächsstoff für ein zehnstündiges Telefonat haben. Trotzdem bleiben wir beide in der Leitung oder unterbrechen nur mal für 20 Sekunden für ein anderes Gespräch, um uns direkt danach wieder anzurufen. Weil es irgendwie auch toll ist, sich manchmal nur über völlig Belangloses zu unterhalten. Um dann unverhofft doch wieder bei richtig großen Themen anzukommen. Oder auch nicht. Denn letztlich geht es gar nicht darum, was wir da besprechen, sondern einfach nur darum, Zeit miteinander zu verbringen. Und wenn wir beide keine Lust haben, vor die Tür zu gehen, dann machen wir das eben so und mit technologischer Unterstützung. Manchmal auch nur per Messenger. Hauptsache ist doch, dass jemand da ist. Jemand ganz Besonderes. Vor allem ganz besonders Wichtiges. Und wenn man dann abends im Bett liegt – vielleicht sogar gemeinsam eine Show oder einen Film im Fernsehen gesehen und in den Werbeunterbrechungen diskutiert hat –, verabschiedet man sich, kurz bevor man einschläft, und freut sich über die angenehme Gesellschaft, die man die ganze Zeit über hatte, ohne dass man sich überhaupt anziehen oder nach draußen bewegen musste. Gerade an Regentagen ist das eine tolle Lösung. Und die kommen ja im wunderschönen Hamburg häufiger vor. Letztlich trösten solche Aktionen darüber hinweg, dass wir mobilen Frauen uns im wahren Leben oft nur so unregelmäßig sehen können.

»Es gibt Revolutionen, die machen die Welt komplizierter, und es gibt Revolutionen, die machen die Welt einfacher. Und es gibt Revolutionen, die machen die Welt auf komplizierte Art einfacher. Dazu gehört das Telefon.«

CHRISTIAN KÄMMERLING IN DER ›WELTWOCHE‹ VOM 28. AUGUST 2003

Grund Nr. 49

Weil die beste Freundin sich bei dir entschuldigt, wenn sie dich verletzt hat oder nicht für dich da war

Auch in der allerallerallerbesten Frauenfreundschaft kann es mal vorkommen, dass nicht alles zu jeder Zeit ganz wunderbar läuft. Selbst die Menschen mit den allerallerallerbesten Absichten können dich schließlich mal verletzen. Genauso wie du manchmal auch Zeit für dich selbst brauchst und dich nicht mit deiner besten Freundin unterhalten willst. Oder im Hormon-Wahn plötzlich mal ganz viel Zeit mit der einen oder anderen Person verbringen willst oder musst und nicht so viel Aufmerksamkeit für die beste Freundin übrig hast. So kann es ihr ja auch mal gehen. Und das passiert vielleicht genau zu einer Zeit, in der du das Gefühl hast, dass du unbedingt ihren Rat, ihren Beistand oder ihre Aufmerksamkeit brauchst. Wenn sie dann nicht da ist oder gar nicht mitkriegt, dass du sie brauchst, empfindest du das natürlich als gemein. Ich sehe in solchen Phasen manchmal ein Zeichen, dass ich mich auch mal ganz alleine mit meinem Kram auseinandersetzen und nicht gleich fremde Meinungen einholen sollte. Trotzdem bin ich mitunter ein bisschen schmollig, wenn ich mich von ihr vernachlässigt fühle. Aber meistens hält das nur für genau zwei Sekunden an, sobald ich ihr gesagt hab, wie ich mich gefühlt habe, und sie sich für ihre Unachtsamkeit bei mir entschuldigt hat. Obwohl sie das gar nicht nötig hätte, es ist doch ihr gutes Recht. Und schließlich muss ich ja auch selbst die Verantwortung dafür übernehmen, dass ich ihr vielleicht gar nicht gesagt habe, wie es in mir aussieht und dass ich sie gerade brauche. Es ist ziemlich unwahrscheinlich, dass sie eine so klare Ansage einfach ignorieren würde.

Und dann ist alles schon wieder gut. Auch deshalb, weil es nie wirklich schlecht war. Sondern nur eine ganz normale Phase in unserer Freundschaft, die noch sehr, sehr lange halten wird. Weil wir so respektvoll miteinander umgehen. Und immer wieder lernen wir aus solchen Situationen. Und entschuldigen uns immer wieder beieinander, auch wenn wir eigentlich gar nichts angestellt haben. Und dann verzeihen wir uns immer wieder. Fällt ja auch nicht wirklich schwer, wir haben uns ja lieb …

*»Mein bester Freund verzeiht
mir sogar die Wahrheit.«*
BILLY IN ›WIR KLEINDENKER‹

Grund Nr. 50

Weil die beste Freundin deine Entschuldigung annimmt

Wie alle anderen Menschen mache auch ich immer wieder Fehler. Manchmal sogar ziemlich unnötige. Allerdings unterscheidet es mich von vielen Menschen, dass ich mich zumindest bemühe, zu diesen Fehlern zu stehen, aus ihnen zu lernen und mich auch dafür zu entschuldigen. Das hat meine beste Freundin im Verlauf unserer Bekanntschaft sicherlich schon mindestens eine Million Mal erlebt. Und niemals hat sie sich schmollend weggedreht und darauf beharrt, dass ich für irgendetwas büßen müsste oder ihr wegen meiner schlimmen Taten irgendetwas schuldig wäre. Ganz im Gegenteil. Wir haben uns immer wieder beieinander entschuldigt und unsere Entschuldigungen auch immer wieder angenommen. Weil wir nicht an dem festhalten wollten, was falsch gelaufen war. Wir wissen ja, dass davon keine von uns etwas hätte. Was wir dagegen immer wieder festhalten wollen, war und ist unsere Freundschaft. Doch auch so eine Freundschaft braucht immer mal wieder einen Entwicklungsschub, der nicht immer angenehm ist. Immer mal wieder gibt es Phasen, in denen wir uns nicht ganz so nah sind oder sogar das Gefühl haben, uns ein riesiges Stück voneinander entfernt zu haben. Phasen, in denen wir komplett unterschiedliche Wege gehen und uns nur sehr wenig zu sagen haben. Und wie in jeder anderen Beziehung ermöglicht uns nur unsere Freiheit, uns immer wieder ganz freiwillig und bewusst füreinander zu entscheiden, wieder aufeinander zuzugehen. Nach all den ereignisreichen Jahren kann ich mir jedenfalls kaum vorstellen, dass das jemals anders werden könnte. Und darüber bin ich extrem froh. Ein bisschen Beständigkeit im Leben ist ja ganz schön.

Und ich sage es jetzt wahnsinnig gern schon mal im Voraus und ohne zu wissen, wann es wieder passen wird: Es tut mir sehr leid – es war sicherlich nicht böse gemeint. Bitte verzeih mir! Nur noch dieses eine Mal …

»Verzeihe dem Geständigen!«
TIBULL IN ›ELEGIEN I‹

GRUND NR. 51

Weil es sich mit der besten Freundin so gut ausmalen lässt, wie der Traumpartner oder das perfekte Leben aussehen sollen

Von besseren Zeiten oder dem perfekten Leben zu träumen macht Spaß und kann sehr inspirierend sein. Noch mehr Spaß und Inspiration kriegt das Ganze allerdings, wenn man diese Träumereien mit seiner besten Freundin unternimmt. Und da ist dann oft unklar, wer jetzt eigentlich welche Idee hatte, weil sie am Ende meist überraschend gut zusammenpassen. Meine beste Freundin und ich sind zum Beispiel total eifrige Hochzeitsplaner. Bis ins letzte Detail tauschen wir uns darüber aus, wer dabei sein soll (eigentlich nur wir beide und die beiden Bräutigame), wo das Ganze stattfinden soll (an einem tollen Strand) und was wir anhaben werden (auf jeden Fall keine Schuhe).

Mit einer früheren besten Freundin gab es mal Planungen für ein komplett männerfreies Leben. Damals sind wir ja eher davon ausgegangen, dass die gemeinsame Sache mit Männern und Frauen nicht unbedingt langfristig funktionieren kann. Insofern wollten wir gerne zusammen in einem Haus wohnen, wo wir dann miteinander Spaß haben und uns gegenseitig bei der Kindererziehung unterstützen könnten. Und uns die Kinder gegenseitig abnehmen, wenn heiße Dates anstehen.

Aber dann hab ich ja irgendwann einen Wandel vollzogen und bemerkt, dass auch Männer richtig liebenswert sind und frau es sehr wohl ziemlich gut mit ihnen aushalten kann. Also sehen die Pläne jetzt ein bisschen anders aus. Heute möchte ich nicht mehr unbedingt mit meiner besten Freundin zusammenwohnen. Lieber ganz in ihrer Nähe. So dass wir uns immer spontan besuchen können. Aber wir träumen immer noch gemeinsam: von Strandurlauben, großen Lieben, wunderschönen Kindern und finanzieller Sicherheit. Von einer perfekten Welt eben. Und einer perfekten Welle. Und von dem ganz großen Durchbruch. Und wenn wir uns das perfekte Leben ausgemalt haben, ist es nur noch ein ziemlich kleiner Schritt zur konkreten Planung. Und dann sind es nur noch ein paar Schritte mehr, bis wir unsere Ziele tatsächlich erreichen. Und dann träumen wir wieder. Schneller, größer und immer weiter.

»Wer Träume nicht ernst nimmt,
spielt nur mit dem Traum.
Wir leben von Möglichkeiten
und sterben an Wirklichkeiten.«
HANS KUDSZUS
IN ›JAWORTE, NEINWORTE‹

Grund Nr. 52

Weil du bei deiner besten Freundin genau so sein kannst, wie du bist

Wir alle spielen in unserem täglichen Leben viel zu viele Rollen. Und dann oft noch ganz gegensätzliche, was ziemlich verwirrend werden kann. Das tun wir, weil wir davon ausgehen, dass man es von uns erwartet, weil ein kleines Laien-Schauspiel den Job erhalten oder den Karriereweg ebnen könnte, oder weil die Performances uns viel cooler, reicher oder souveräner wirken lassen, als wir es in Wirklichkeit sind. Aber das ist alles tierisch anstrengend. Und es macht auch nur in einem sehr begrenzten Umfang Spaß.

Für diejenigen, die im »normalen Leben« nur begrenzte Möglichkeiten haben, auszubrechen und auf Regeln und gesellschaftliche Vorgaben zu scheißen, bleiben oft nur sehr wenige enge Vertraute, die das wirkliche, unverstellte und total freie Ich zu sehen bekommen. Die beste Freundin ist da natürlich ganz weit vorne mit dabei. Die würde nämlich sowieso jedes Schmierentheater in Sekundenbruchteilen durchschauen, also kann man sich die Mühe auch sparen und den ganzen anstrengenden Kram einfach mal sein lassen. Und genau das tun, was sich richtig anfühlt. Und dann kannst du anfangen, dir mal zu überlegen, ob andere das unverstellte Ich im Grunde nicht auch ganz gut ertragen könnten. Wenn sie es nicht vielleicht sogar viel lieber hätten als das aufwändige Schmierentheater. Entspanntes Authentischsein macht in Wirklichkeit nämlich viel souveräner und damit attraktiver als eine ausgedachte Show. Auch weil man viel mehr Spaß hat, wenn man einfach alles fließen lassen kann.

Und falls du doch ganz aus Versehen in die gewohnten Muster verfallen solltest, gibt es von deiner besten Freundin ganz schnell einen mehr oder weniger dezenten Hinweis. Weil sie dich viel zu gut kennt, um dir so etwas Unechtes abzukaufen. Und auch nicht mit ansehen will, wie du anderen was vormachst. Und schon ist Schluss mit dem Kram!

»Weshalb können wir denn
nicht natürlich sein?
Oh, ich weiß sehr wohl,
uns fehlt nur der Mut.«

JENS PETER JACOBSEN IN ›NIELS LYHNE‹

Grund Nr. 53

Weil die beste Freundin es ernst meint, wenn sie dich fragt, wie's dir geht

Leider werden wir an jedem einzelnen Tag millionenfach angelogen. Eigentlich ständig, fast ohne Unterbrechung. Das passiert allerdings nicht immer böswillig, sondern es ist oft nur eine Zeitfrage oder kommt als automatische Reaktion daher. Zum Beispiel auf vorgetäuschtes Interesse. Eine gelogene Antwort auf eine gelogene Frage sozusagen. Die Top-Frage in dieser Kategorie ist sicherlich: »Wie geht's?« Und die Top-Antwort: »Gut!« Was in den seltensten Fällen stimmt. Zumindest ist »gut« kaum ein sehr eindeutiger Begriff. Ich fühle mich eigentlich nie »gut«, ich bin eher euphorisch, traurig, gestresst, sauer, glücklich, verliebt etc. Und das ist genau das, was meine beste Freundin wissen will, wenn *sie* mich fragt, wie es mir geht. Sie will wissen, wie ich mich wirklich fühle und warum und wer und was dazu geführt haben und wie ich jetzt damit umgehen will. Sie will das tatsächlich alles wissen und wäre ziemlich irritiert, wenn ich sie mit 'ner billigen Floskel abspeisen würde. »Gut« wäre in jedem Fall eine Antwort, die ihr sehr verdächtig vorkäme. Da würde sie sofort nachhaken, so viel ist sicher.

Und auch wenn es manchmal viel einfacher wäre, sie ebenfalls mit einer schnellen Antwort abzuspeisen, weiß ich doch, dass ich mich viel besser fühle, wenn ich meine Reflexionen, Zweifel und Sehnsüchte ausspreche und mit einer vertrauenswürdigen Person teile. So kann man den ganzen Müll nämlich einfach mal loswerden und dann alles, was man behalten will, neu ordnen. Im Allgemeinen ist das ein sehr heilsamer

Prozess. Für den man anderenfalls einen Life Coach bezahlen müsste. Aber bis wir uns diesen Luxus leisten können, macht die beste Freundin diesen Job gerne. Und liebevoll. Und »gut«!

»Es gibt eine Grundeigenschaft, mit der wir uns die Zuneigung unserer Mitmenschen erwerben können: aufrichtiges Interesse und Liebe für die andern. Wenn wir diese Eigenschaften entwickeln, ergeben sich die andern fast von selbst.«

Norman Vincent Peale in
›Die Kraft positiven Denkens‹

Grund Nr. 54

Weil jedes Wiedersehen mit der besten Freundin überschwänglich und innig ist

Unabhängig davon, ob sie sich mehrere Monate oder auch nur ein paar Stunden nicht gesehen haben, beste Freundinnen begrüßen sich nie schlicht mit einem Kopfnicken, einem Schulterklopfen oder gar einem Handschlag, sondern jedes Mal mit einer herzlichen Umarmung. Manchmal auch mit einem schrillen Freudenschrei und albernem Gehüpfe. Bei mir und meiner besten Freundin ist das zumindest so. Sieht mitunter sicherlich ziemlich doof aus, fühlt sich aber ganz toll an.

Und da es genau auf dieses Gefühl ankommt, kannst du ihn ruhig genießen, den kleinen übertriebenen Moment. Danach lässt es sich leichter in eine gemeinsame Unternehmung starten, weil man nicht nur weiß, sondern auch gespürt hat, dass man nicht alleine ist.

Auch wenn wir nicht mehr ständig Händchen halten wie zu Teenie-Zeiten oder auf andere Arten in andauerndem Körperkontakt bleiben, ist es doch schön, beim Begrüßen und Verabschieden mal richtig zuzupacken und sich dabei vielleicht noch was ganz Geheimes oder Albernes ins Ohr zu flüstern. Ohne dass es was mit Verführung und ähnlich gelagerten Absichten zu tun hat. Wir drücken so einfach nur aus, dass wir uns total gern haben. Ausdrücken im wahrsten Sinne des Wortes. Und dass man sich mag, kann man sich eigentlich gar nicht häufig genug zeigen. Das Leben in der Großstadt ist ja anonym und lieblos genug. Da muss man sich zwischendurch schon mal wieder bewusst machen, dass man nicht alleine auf der Welt unterwegs ist. Und dass man immer jemanden zum Knuddeln hat. Auch wenn man gerade als Single unterwegs ist oder keinen Bock hat, einen Mann auf falsche Gedanken zu bringen.

»Kurz ist der Abschied
für die lange Freundschaft.«
FRIEDRICH SCHILLER
IN ›DIE JUNGFRAU VON ORLEANS‹

Grund Nr. 55

Weil die beste Freundin dir die Wahrheit sagt, auch wenn es wehtut

Manchmal macht man sich selbst etwas vor, obwohl man ganz genau weiß, dass die Fantasie nicht der Realität entspricht. Und dass die Fantasie der Realität auch niemals entsprechen wird. Trotzdem produzieren wir Luftblasen und halten uns an naiven Hoffnungen fest, weil wir nicht aufgeben wollen. Es könnte ja schließlich alles so schön sein, wenn nur alles anders wäre.

Wer es auch immer wagen will, diese Luftblase zum Platzen zu bringen, muss so nah an uns dran sein, dass wir zum einen seine Meinung hören und ernst nehmen können und zum anderen nicht sofort den Kontakt abbrechen, weil unser sorgsam aufgebautes Luftschloss einstürzt. So etwas könnte ja auch zu einem großen Wutanfall führen. Eine beste Freundin ist ehrlich zu uns. Auch wenn es wehtut. Dann ganz besonders. Ganz rigoros. Und sie nimmt in Kauf, dass in und um uns alles zusammenbricht. Danach hilft sie uns aber dabei, die Scherben wieder einzusammeln und was Neues aufzubauen, das wahrscheinlich viel sinnvoller ist und unser Leben ein ganzes Stück besser macht.

So bekam ich schon mehrmals von meiner besten Freundin den Kopf gewaschen, weil ich privat und beruflich Chaos veranstaltet oder mir selbst vorgemacht habe, ich wäre viel cooler, als ich eigentlich bin. Wenn ich zum Beispiel der Meinung war, ich könnte es total locker genießen, mit einem Freund eine »Nicht-Beziehung« zu haben, und mich über die Zeit freuen, die wir gemeinsam verbringen, ohne zwischendurch zu leiden.

Oder wenn ich mir einredete, ich könne in einem Job arbeiten, der mir nichts bedeutet und nichts mit meinen Idealen zu tun hat, ohne Suizidgedanken zu entwickeln. Meine beste Freundin lässt mir das nicht durchgehen. Egal, wie sehr ich mich gegen sie wehre, weil ich will, dass sich bei mir auch mal der Kopf durchsetzt. Sie sagt mir deutlich, dass ich selbst ganz genau weiß, dass ich gerade Scheiße baue. Und im Grunde hat sie immer recht. Es kennt mich ja auch kaum jemand besser als sie. Und das ist extrem gut zu wissen. Weil ich sie nämlich so gut kenne, dass ich weiß, wie cool, ehrlich und warmherzig sie ist und dass sie und ihre Meinung, ihre Einsichten und Ansichten extrem vertrauenswürdig und ernst zu nehmen sind. Und dass sie mich immer wieder weiterbringen.

»Ehrlichkeit ist das Einzige,
was höher steht als Leben, Liebe, Tod,
als alles andere. Sie allein ist beständig.«
KATHERINE MANSFIELD IN ›TAGEBÜCHER‹

KAPITEL 6

CHILLEN & ABHÄNGEN

»Ich will chill'n, ich will chill'n, nichts machen wider Willen, mich einfach wohlfühln, nicht mehr dieses tun und jenes lassen müssen, auf Grund von Zwängen und Pflichten hat Deutschland bei mir verschissen.«

JAN DELAY VON ABSOLUTE BEGINNER
IN ›NATURAL BORN CHILLAS‹

Grund Nr. 56

Weil du mit der besten Freundin auch zum 20. Mal gespannt *Sex and the City* ansehen kannst

Natürlich würden einige von uns gerne mit ihren männlichen Partnern ihre Lieblingsserien und die romantischen Filme genießen. Kuschelnd auf dem Sofa oder im Bett. Doch leider stehen die Prinzen in den seltensten Fällen auf Carrie, Ally oder Bridget Jones. Also müssen andere Prinzessinnen ran. Und die sehen das meist nicht als Opfer, sondern brechen in einen Freudentaumel aus, sobald der Vorschlag auf dem Tisch ist. Weil man bei einem Frauenabend richtig über die Stränge schlagen kann, zusammen heult, sich kaputtlacht und Tonnen von Junkfood verdrückt: Schoko-Eis, Chips, fettige Pizza und lustige Drinks, bei denen die Jungs sich ihre blöden Kommentare wohl nicht verkneifen könnten. Also lassen wir sie einfach mal draußen und freuen uns über eine zwanglos exzessive Zeit mit der besten Freundin. Und besorgen einfach 'ne zusätzliche Pulle Prosecco oder noch ein paar Limonen zur Cola mit Rum.

Glücklicherweise sind wir beide, meine beste Freundin und ich, große Fans von schlechtem Fernsehen. Manchmal rufen wir uns gegenseitig an, um uns zu erzählen, wo gerade eine besonders eklige Swingerclub-Reportage läuft. Wir können uns stundenlang darüber austauschen, was in diversen Reality-Dokus passiert ist, und wir lieben den Kette rauchenden Peter Zwegat. Aber noch toller, als uns und die Welt darüber aufzuklären, was gerade im Fernseh-Kosmos zwischen RTL und MTV passiert, ist es natürlich, wenn wir uns zusammen aufs Sofa hauen und uns gnadenlos mit diesen Sendungen zuballern. Ihr Freund verzieht sich dann immer freiwillig. Der hat Angst davor, dass der Mangel an Niveau der Show-Charaktere auf ihn abfärben könne. Mein Ex nannte meine Trash-Vorliebe gerne »Gehirndurchspülung« und wurde leider in seiner Hoffnung enttäuscht, ich würde dadurch ein bisschen weniger intellektuell und schlau werden und mich damit seinem Level annähern. Der sah nur heimlich – täglich – *Mitten im Leben* und spielte sonst den stilvollen Ästheten in teuren, aber trotzdem hässlichen Lederschuhen.

Meine beste Freundin und ich schämen uns dagegen gar nicht für unsere entspannende Freizeitbeschäftigung. Wir geben die Live-Kommentatorinnen und haben dabei den Spaß unseres Lebens. Und wir unterhalten damit auch gerne große Runden, die meist gar nicht fassen können, mit wie viel Euphorie wir bei der Sache sind.

Um das mal kurz klarzustellen: An anderen Tagen machen wir übrigens richtig intellektuelle und total anspruchsvolle Sachen und treiben uns mit der Bildungselite herum. Vielleicht auch, um uns, der Welt und unseren verklemmten Männern zu beweisen, dass uns dieser Fernseh-Konsum nicht restlos verblödet hat. Bisher jedenfalls noch nicht. Das Experiment läuft ja schließlich weiter.

»Zum zehnten Mal wiederholt,
wird es gefallen.«
HORAZ IN ›ARS POETICA‹

Grund Nr. 57

Weil die beste Freundin auch bei Filmen mitheult

Die meisten Frauen können wahrscheinlich ohne große Mühe mindestens einen Film – und daraus vermutlich eine ganz bestimmte Szene – nennen, bei der sie wie auf Knopfdruck zu heulen anfangen. Und das ist ganz und gar nicht die Heulerei, bei der sie getröstet werden wollen, sondern die, die sie ausgiebig genießen. Und am besten genießt es sich natürlich in Gemeinschaft, in einem Team von Heulerinnen. Und dann sieht man sich tränenüberströmt an und fängt erst mal an zu lachen. Ohne dass sich jemand einmischt und meint, man wäre vielleicht ein bisschen verrückt.

Das geht zum Beispiel bei *Sex and the City – The Movie* oder auch bei *Love, Actually*. Und bei den ganzen ollen Klassikern und Schmachtfetzen. Ich persönlich kann auch bei *Brokeback Mountain* heulen wie ein Schlosshund. Ich finde es nämlich unglaublich tragisch, wenn Menschen den Konventionen und nicht ihren Gefühlen folgen und am Ende einsam und reumütig sterben müssen. In dem Wissen, dass ihr Leben auch glücklich hätte ausgehen können.

Da weiß ich dann wieder, warum ich manchmal absurde Dinge ausprobiere, um herauszufinden, was und wer mich wirklich glücklich macht. So wie die einsamen Film-Cowboys will ich jedenfalls nicht enden müssen. Leider ertragen die meisten Hetero-Männer diesen Film nicht. Sie haben Angst davor, dass sie plötzlich entdecken könnten, dass sie da auch etwas erregend finden. Das wär für einen gestandenen Hetero schließlich ein echter Super-GAU. Mit meiner besten Freundin dagegen kann ich es genießen, dabei zuzusehen, wie zwei raue Typen ihre Leidenschaft füreinander entdecken und sich finden und dann leider wieder verlieren. Und wenn sie nach dem Wiedersehen – weil ihre Sehnsucht füreinander zu stark geworden ist – endgütig auseinandergehen, werden unsere Augen ganz glasig. Die Tränen, die am bitteren Ende unsere Wangen hinunterlaufen, werden schließlich in Schokoeis ertränkt. Oder in Cuba Libre, je nachdem, was am nächsten Tag so ansteht. Am liebsten schiebt man dann nach einer Erholungspause noch einen Film hinterher. Für schöne Dinge muss man sich ja schließlich Zeit nehmen und sie so richtig zelebrieren. Ist ja auch viel schöner, wegen sentimentaler Filmszenen zu heulen als wegen selbst erlebten Unglücks.

»Auch das Weinen bietet eine gewisse Lust.«
Ovid in ›Tristien‹

GRUND NR. 58

Weil die beste Freundin Verständnis hat, wenn du keine Zeit für sie hast

Auch wenn du dich immer auf deine beste Freundin verlassen kannst und darauf, dass sie im Notfall sofort erreichbar und einsatzbereit wäre, kommt es vor, dass für das alltägliche Freundinnen-Dasein keine oder nur sehr wenig Zeit bleibt. Weil sie so busy ist oder du gerade durch die Weltgeschichte jettest. Es gibt Leute, die das persönlich nehmen, eingeschnappt sind und schon mal grundsätzlich auch keine Zeit mehr für dich haben, wenn es bei dir wieder ein bisschen ruhiger wird. Nicht so deine besten Freundinnen. Die schicken dir sogar zwischendurch mal ein paar SMS, in denen sie dir viel Durchhaltevermögen wünschen. Weil sie ganz genau wissen, dass du dich wieder voll auf sie konzentrierst, wenn der Berg an Aufgaben und Abenteuern abgetragen ist. Und dass es alles nur noch schlimmer machen würde, wenn sie dich mit einem schlechten Gewissen belasten würden. Und dass du sicherlich selbst ein bisschen angeschlagen bist und einen kleinen Mutmacher sehr gut gebrauchen kannst.

Manchmal haben meine beste Freundin und ich auch gleichzeitig solche Phasen, in denen es einfach nicht drin ist, lange miteinander zu reden, sich regelmäßig zu sehen oder sich auch nur per E-Mail einen tollen Start in die Woche zu wünschen. Aber statt uns mit Schuldgefühlen zu quälen, vertrauen wir darauf, dass die Zeiten sich auch wieder ändern werden. Dass wir vielleicht in nicht allzu ferner Zeit gleichzeitig in derselben Stadt sein und unsere Freundschaft dann mal wieder *richtig* zelebrieren werden – mit viel Zeit und ohne jede Unterbrechung. Es gehört ja leider zum Erwachsenwerden, sich damit abfinden zu müssen, dass nicht immer alles zur gleichen Zeit geht – sofort und genau so, wie man das jetzt gerade gerne haben will. Zum Glück gehört aber auch dazu, dass man irgendwann weiß, auf wen man sich wirklich verlassen kann und wer garantiert auch unter den widrigsten Umständen da ist, wenn es doch mal ganz, ganz wichtig sein sollte.

»Wo wir Verständnis finden,
brauchen wir nicht mehr
nach Worten zu suchen.«
ERNST FERSTL IN ›UNTER DER OBERFLÄCHE‹

Grund Nr. 59

Weil die beste Freundin endlos mit dir lacht (auch ohne Grund)

Männer regen sich ja mitunter ziemlich darüber auf, dass in Frauenrunden so viel gekichert und gelacht wird. Dabei sind sie im Grunde doch nur neidisch, weil sie sich bei ihren Treffen oft nur gegenseitig anschweigen oder erzählen, wie toll sie sind, oder bei denen sie in komischen Wettkämpfen antreten, um sich gegenseitig zu übertrumpfen. Wir dagegen sind in der Lage, uns mit viel Freude auf einen richtig ungehemmten, lauten und lang andauernden Lachanfall einzulassen. Und dann gleich noch mal, weil's so schön war.

Einen Grund für dieses Gelächter braucht es übrigens nicht unbedingt zu geben. Man muss eher einen Grund haben, um wieder damit aufzuhören. Das will nämlich keine von uns, auch wenn der Bauch und die Wangen schon wehtun. Denn es gibt kaum etwas Schöneres. Das wussten übrigens auch schon die alten Buddhisten. Die alten afrikanischen Zivilisationen sowieso. Schade, dass man hierzulande erst daran erinnern muss, wie heilsam und befreiend so ein richtig herzhaftes Lachen ist. Aber wie ich hörte, ist Lach-Yoga ja einer der neuesten Trends im ernsten Teutonien. Da gibt es vielleicht noch Hoffnung, dass in diesen Kursen auch ein paar Männer zu finden sind. Wäre ja sehr schade, wenn sie sich diese Chance entgehen ließen und weiter so viel ins Ernstsein investieren würden, um die weniger ernsthaften Emotionen nur zuzulassen, wenn sie betrunken sind.

Meine beste Freundin und ich kichern uns jedenfalls schon darüber kaputt, wenn wir uns so einen Kurs auch nur vorstellen. Wie viel Überwindung würde es die schlecht gelaunten Leute, die missmutig in U-Bahn und Bus in der Gegend herumstarren, wohl kosten, ein fröhliches Geräusch von sich zu geben. Und das vor anderen Leuten. Und ohne Mario Barth. Über den lachen meine beste Freundin und ich übrigens eher weniger. Ist nicht so wirklich unser Humor. Genau wie Otto Waalkes und Atze Schröder. Das ist wohl mehr für die, die sonst zum Lachen in den Keller gehen. Wir dagegen haben auch so eine ganze Menge Spaß. Und ohne Grund lacht es sich noch immer am allerbesten. Vor allem in ebenso gut gelaunter Gesellschaft.

»Der sinnliche Mensch lacht oft,
wo nichts zu lachen ist.
Was ihn auch anregt, sein inneres Behagen
kommt zum Vorschein.«

JOHANN WOLFGANG VON GOETHE
IN ›DIE WAHLVERWANDTSCHAFTEN‹

Grund Nr. 60

Weil die beste Freundin Liebeszauber-Rituale mit dir ausprobiert

Das logische Denken und Argumentieren hat bekanntlich seine Grenzen. Deswegen bleiben im Zwischenmenschlichen manchmal Fragen offen, die nicht erklärbar zu sein scheinen. Wie: »Wir passen doch perfekt zusammen, warum wehrt er sich denn mit Händen und Füßen gegen die Beziehung?« oder: »Was hält ihn denn bloß davon ab, mir einen Heiratsantrag zu machen?« oder auch nur: »Wird er seine Meinung irgendwann ändern und zu mir zurückkommen?« oder: »Ist dieser Typ der Richtige für mich?«.

Bunte Karten mit Bildern vom Salsatiger, dem Bettvorleger und der Wahren Liebe können da manchmal hilfreich sein, um ein bisschen Licht ins Dunkel zu bringen. Hilft ja auch schon, wenn man feststellt, dass man es ganz anders sieht, als das Kartenbild die Situation darstellt.

Manchmal sollen ja auch nicht nur Fragen beantwortet werden, sondern es gibt ganz konkrete Ziele, die zu erreichen sind. Und weil man nicht bei jedem Mann mit Argumenten punkten kann – »Wir beide wären ein perfektes Paar!« –, ist vielleicht auch mal ein Versuch mit Magie der richtige Weg. Zumindest ist sie ein ganz spannender Zeitvertreib, wenn wir nicht so das richtige Vertrauen ins Schicksal haben.

Und mit wem würde man sonst Karten legen, Zettel verbrennen, Fotos zerknüllen und Haare vergraben als mit der besten Freundin? Ich gebe jetzt mal ganz offen zu, dass ich all diese Dinge – und wahrscheinlich noch sehr viel abgefahrenere – schon gemacht habe. Und wenn ich dabei nicht allein war – was man ja auch nicht sein will, weil man Geistern und unsichtbaren Mächten gegenüber einen gewissen Respekt hat –, waren immer beste Freundinnen mit am Start. Manchmal haben sie das Ganze natürlich auch angezettelt, vielleicht auch einfach nur, um mich abzulenken.

Natürlich lernt man mit der Zeit, dass man die Dinge leider doch in der realen, sichtbaren Welt klären und sich letzten Endes mit dem Verhalten anderer Menschen abfinden muss, weil man eben nur das eigene unter Kontrolle hat (und manchmal nicht mal das). Leider müssen das auch wir Superfrauen lernen. Und dazu auch noch, mit unserem Frust umzugehen, wenn nicht alles nach unserem Plan läuft. Aber bevor man so weit ist, will man schließlich alles versucht haben. Denn wer weiß, ob man damit nicht eine wundervolle Beziehung retten oder überhaupt erst entstehen lassen kann. Solange die Wünsche positiv sind, kann es ja nicht wirklich schaden. Und bei der Freundin einer Freundin hat es doch schließlich auch schon mal ganz großartig funktioniert. Hab ich jedenfalls gehört …

»Das nennst du Magie?
Ich nenne es heftig wünschen!«
TERRY PRATCHETT IN ›SCHEIBENWELT‹

Grund Nr. 61

Weil die beste Freundin genauso gern bunte Cocktails mit vielen Früchten trinkt

Von Männern muss eine stil- und ästhetikbewusste Frau sich womöglich den einen oder anderen abfälligen Spruch gefallen lassen, wenn sie sich über die wunderschönen Fruchtkreationen freut, die ihren Cocktail verzieren. Solche Drinks genießen Männer mit uns ja fast ausschließlich bei den ersten Dates, solange sie sich noch als zu den »Guten« gehörend präsentieren wollen, die ganz viel, nämlich so ungefähr alles, mit den jeweiligen Frauen gemeinsam haben. Wie die Vorliebe für fruchtige Cocktails mit Kokos und Mango. Bei den ganz Mutigen auch noch mit Sahne.

Später, wenn es mit der Beziehung schon mal läuft, müssen die Getränke dann ja nur noch ihren Zweck erfüllen, sprich: möglichst schnell und möglichst günstig betrunken machen. Da stören Sperenzchen wie kleine Schirmchen und Orchideenblüten natürlich eher. Wenn wir diese formschönen Kreationen so richtig genießen wollen, müssen wir das also mit unseren Freundinnen machen.

Da kann man sich dann auch viel mehr darüber freuen, dass der Barkeeper mit den schicken Brustmuskeln so eine Show abzieht und uns den Drink mit einem verwegenen Lächeln und einem vielsagenden Blick serviert, nachdem er mit dem Shaker jongliert und ein paar Tricks vorgeführt hat. Also können wir nicht nur von dem Ort träumen, an dem diese leckeren Früchte auf Bäumen wachsen, sondern auch von den starken athletischen Armen, die uns dort durch die Gegend tragen.

Natürlich würde die beste Freundin uns davon abhalten, auf die Erfüllung einer solchen Fantasie hinzuarbeiten, wenn da bereits eine Beziehung vorhanden ist. Aber solange es bei harmlosen Gedankenspielchen bleibt, können wir uns gemeinsam fallen lassen und träumen. Und wenn wir wieder zu unseren Partnern nach Hause gehen, haben wir dieses zufriedene Grinsen im Gesicht, ein paar leckere Cocktails im Blut und Lust auf Kindermachen oder zumindest Kindermachen-Üben. Sofort. Und wenn er nicht nach Bier stinkt, legen wir vielleicht sogar gleich los …

»Genuss ist nur ein Tropfen
im Cocktail des Glücks,
doch welch Würze verleiht er!«

ALBERT MEMMI IN ›EXERCICE DU BONHEUR‹

Grund Nr. 62

Weil die beste Freundin beim Karaoke-Singen die beste Duett-Partnerin ist

Es gibt Dinge, bei denen man sich voll fallen lassen muss, um Spaß zu haben. Das gilt eigentlich generell für das Leben, aber eben für ein paar spezielle Bereiche besonders. Karaoke gehört zum Beispiel dazu. Das macht nur Sinn, wenn man so richtig in die Performance einsteigt und nach und nach jedes Schamgefühl über Bord wirft. Dazu brauchst du zumindest eine weitere Person, mit der du dich so wohl und sicher fühlst, dass du auf all die anderen scheißen kannst, die auch noch da sind und den eigenen Einsatz vielleicht weniger bewundernd beäugen könnten. Obwohl sich in Karaoke-Bars meist nur die Wenigsten als besonders gute Sänger erweisen.

Ich stürze immer wieder mal mit meiner besten Freundin beim Karaoke ab. Auch wenn das eigentlich nie der Plan ist und ich zunächst immer viel zu schüchtern bin, um mich ans Mikro zu wagen. Meistens muss sie mich erst dazu zwingen, indem sie ein Lied für mich ordert und mich dann ein bisschen unsanft schubst. Sie weiß einfach, dass man mich bei *The Ex-Factor* von Lauryn Hill nicht allzu lange locken muss. Und wenn das Lied erst mal anläuft, höre ich auf, mich zu wehren und trällere los. Je nachdem, wie viele Getränke wir bereits hatten, können Lautstärke und Körpereinsatz auch ganz beachtliche Ausmaße annehmen.

Am lustigsten wird es allerdings, wenn die Liebes-Duette anstehen, *Time of my Life* mit ganzer dramatischer Tragweite. Und spätestens nach dem dritten Song will ich gar nicht mehr aufhören. Nie wieder. Dann kommen wir beide uns manchmal sogar in die Quere. Unter anderem, weil sie anfängt, seltsame Rocksongs zu singen, während ich Spaß daran habe, *Ice Ice Baby* zu rappen und es bei der Gelegenheit gleich mal ein bisschen umzutexten. Weil ich diesen melodramatischen Rockmist hasse. Na ja. Sie will meist bleiben, bis die Bar schon längst geschlossen haben müsste. Ich bin dagegen bereit zu gehen, wenn ich kaum noch eine Sprechstimme habe. Und wenn ich am nächsten Tag heiser und verkatert aufwache, bin ich tierisch froh darüber, dass ich auch noch als total vernünftige Erwachsene so bescheuerte Dinge tue und dabei den Spaß meines Lebens habe. Dafür ertrage ich das Leid des ausgewachsenen Katers dann auch mit Fassung. Und nehme mir fest vor, es nie wieder so eskalieren zu lassen. Bis zum nächsten Geburtstag jedenfalls.

»Wo man singet, lass dich ruhig nieder, […]
Bösewichter haben keine Lieder.«
JOHANN GOTTFRIED SEUME IN ›DIE GESÄNGE‹

Grund Nr. 63

Weil du mit der besten Freundin auf jeder Party Spaß haben kannst

Wenn man ehrlich ist, macht etwa nur jede zehnte Party wirklich richtig Spaß. Vielleicht auch nur jede hundertste. Bei all den anderen versucht man erfolglos, sich zu betrinken oder auf andere Art etwas aus den Gegebenheiten zu machen, bevor man sich wieder nach Hause schleppt und froh darüber ist, endlich wieder in sein Bett zu fallen.

Das gilt zumindest für die Veranstaltungen, bei denen du ohne deine beste Freundin auftauchst. Denn mit ihr lässt sich ganz schnell aus jedem Ort mit beschissen langweiligen (oder oberflächlichen, negativen, steifen oder sonst aus irgendwelchen Gründen verurteilenswerten) Leuten ein tolles Erlebnis zaubern.

Denn ihr beide könnt zusammen einfach überall Spaß haben. Vom Friedhof bis zum Schlachthof (eigentlich ziemlich ähnliche Orte, nur dass an einem die Leichen sichtbar sind), ihr werdet nicht missmutig in der Gegend rumstarren, sondern dafür sorgen, dass die Veranstaltung zumindest für euch beide zu einem Vergnügen wird. Da ist eine Party dann doch die leichteste Übung. Ganz egal, welche Musik läuft oder wer wen schlagen will, weil irgendwer irgendwen falsch angeguckt hat.

Zumindest kann man am Ende gemeinsam über alles lachen. Spätestens wenn man sich zusammen eilig verdrückt hat und sich dann nur noch in bester und sorgfältig ausgewählter Gesellschaft befindet. In ihrer zum Beispiel. Da kann letztendlich auch nicht mehr viel schiefgehen. Und schlagen wollten wir uns auch noch nie. Egal, wie falsch wir uns gegenseitig schon angeguckt haben …

Sollte sich dagegen ein anderer Mensch blöd angestarrt fühlen, würden wir natürlich auch im Team die Fäuste und Fersen springen lassen. Haben wir zwar noch nie gemacht – und machen müssen –, würde aber sicherlich auch sehr gut funktionieren. Beste Freundinnen sind nämlich eigentlich immer unschlagbar und damit sehr unangenehme Gegner. Beim Kickboxen genau wie in der Küche.

»Auch wenn es dich empört:
Das unerlaubte Vergnügen macht Spaß.«
OVID IN ›LIEBESGEDICHTE‹

Grund Nr. 64

Weil mit der besten Freundin Sport viel mehr Spaß macht

Der innere Schweinehund lauert überall. Zum Beispiel dort, wo die Sportklamotten fein säuberlich zusammengefaltet in einem Schrankfach liegen. Er bewacht sie unermüdlich, kläfft laut, schon wenn man erst noch überlegt, ob man sie von dort aus in die Sporttasche packen sollte. Gerade wenn die Sachen schon lange nicht mehr in der Tasche drin waren.

Ich zum Beispiel habe früher jahrelang regelmäßig sehr viel Sport gemacht. Immer alleine, immer total besessen. Seit ich mich mit meinem Körper angefreundet habe und nur noch genau die Dinge tue, die mir wirklich guttun, übertreibe ich es nicht mehr. Genau genommen, gehe ich fast gar nicht mehr zum Sport. Lieber spazieren. Oder tanzen. Auch wenn ich weiß, dass ab und an ein ausgeglichenes Cardio-Workout total gut für mich wäre. Oder eine Stunde Zen-Gymnastik, um mal meinen ganzen Körper durchzustrecken, jeden Muskel zum Zittern und Balance und Atmung in Einklang zu bringen. Von Yoga ganz zu schweigen. Oder eine Stunde Reggae Dance, um mal so richtig ins Schwitzen zu kommen und alles wackeln zu lassen, was an mir auch nur ein bisschen wackeln könnte. Aber ich mache es nicht. Obwohl ich jeden Monat brav meine Beiträge bezahle. Und ganz offiziell bin ich sogar noch immer eine lizenzierte Trainerin.

Wann gehe ich denn jetzt überhaupt mal zum Sport? Wenn meine beste Freundin mich anruft und wir beschließen, zusammen ein Workout durchzustehen. Und dann wird das Ganze zu einem richtigen Event. Wir suchen uns erst mal einen spannenden Kurs aus, zwinkern uns zwischendurch zu, labern, während wir hinterher unter der Dusche stehen, und gehen danach mit wackeligen Beinen noch an einen anderen Ort, an dem wir noch mehr Spaß haben können: in ein Restaurant, ein Café oder ins Kino. Endlich sitzen und was Leckeres essen sind nach so einer anstrengenden Episode nämlich genau das Richtige.

Noch schöner wird es, wenn wir uns schon vor dem Sport treffen. Und dann manchmal gar nicht erst hingehen, sondern unsere Sporttaschen vom Coffee Shop aus in eine nette Bar schieben. Und dann geht's weiter ins Restaurant, man kann ja schließlich nicht nur trinken. Von da aus kann man ja auch wieder in die Red Lounge umziehen. Denn das, was Spaß macht, ist genau das Richtige für uns. Mit genau den richtigen Menschen. Und irgendwann bewegen wir uns ja auch wieder. Ganz bestimmt. Vielleicht auch nur im Club, wenn I-Fire auftreten oder DJ Reef die Platten dreht. Das macht dann ja wieder Spaß. Und wenn es Spaß macht, kann es doch gar nicht so falsch sein. Sagt jedenfalls meine beste Freundin.

»Der Sport ist keine heile Welt,
aber eine Welt, die heilen kann.«
Gerhard Uhlenbruck
in ›Die Wahrheit lügt in der Mitte‹

Grund Nr. 65

Weil die beste Freundin dich überallhin begleitet, wenn du jemandem zufällig begegnen willst

Manche Naturwissenschaftler sind der Meinung, dass es überhaupt keine Zufälle gibt. Andere sagen, dass unsere gesamte Realität nichts als eine Verknüpfung von Zufällen ist. In einigen Religionen meint man dagegen, dass es für alles bereits im Voraus einen genauen Plan gibt und Zufall daher gar nicht existieren kann. Viele Frauen sind der Meinung, dass man dem Zufall auf die Sprünge helfen muss. Also packen wir's einfach selbst an!

Total zufällige Begegnungen mit dem Objekt der Begierde? Oder mit einer idiotischen Person, mit der man noch eine Rechnung offen hat? Mit Leuten, die man unbedingt treffen muss, mit denen man sich aber nicht offiziell verabreden kann oder will? Alles kein großes Problem. Denn die beste Freundin hilft nicht nur dabei, den subversiven Plan auszuhecken – selbst wenn sie die Idee für völlig bescheuert hält! –, sondern sie kommt auch noch mit, wenn der Plan in die Tat umgesetzt werden soll. Zur Unterstützung, als Alibi oder um hinterher Scherben aufzusammeln oder auf das erreichte Ziel und die neue Klarheit anzustoßen. Zur Not hält sie auch eine volle Stunde oder noch länger am Telefon als dein Alibi durch, wenn du irgendwo rumlaufen und spionieren oder lauern und dabei beschäftigt aussehen willst. Ist alles Teil des wunderbaren All-inclusive-Pakets, das sich Freundschaft nennt.

Ist natürlich mitunter schon etwas kindisch, ein kleines bisschen lächerlich und leider auch meist sehr durchschaubar, muss aber trotzdem manchmal einfach sein. Der Zweck heiligt schließlich die Mittel, und manchmal muss eine Frau eben tun, was eine Frau tun muss. Insofern kann frau ziemlich froh sein, dass sie auch bei solchen Lachnummern von ihrer besten Freundin unterstützt wird. Sie macht es mit, und du tust es für sie natürlich auch. Immer und immer wieder. Weil wir ja auch durch jede dieser lustigen Aktionen etwas lernen. Und beim nächsten Mal vielleicht sogar noch ein bisschen eleganter vorgehen.

»Teilnahme ist der goldene Schlüssel,
der die Herzen anderer öffnet.«
SAMUEL SMILES IN ›CHARAKTER‹

Grund Nr. 66

Weil die beste Freundin sich dafür opfert, mit dir Tonnen von Schokoladenkuchen zu essen, wenn du traurig bist

Beim Essen ist es wie beim Sex, es geht allein total in Ordnung, macht aber einfach lange nicht so viel Spaß wie in guter Gesellschaft. Für die wahren Ekstasen braucht man einfach Komplizen und Mittäter. Bei Exzessen wie Frustfressen ganz besonders, das wäre ja alleine ziemlich deprimierend. Genau wie exzessives Trinken oder der Konsum anderer berauschender Substanzen wie zum Beispiel von grünem Tee.

Wenn man so einen Ausfall plant, ist es wunderschön, wenn sich jemand mit einspannen lässt, der vielleicht selbst gar keinen Frust hat, aber dabei hilft, einen Eimer Schokoladeneis zu bearbeiten und bis auf den letzten Rest auszuleeren. Mit einer gefühlten Tonne Schlagsahne obendrauf. Geht nicht nur mit Eis und fettiger Pizza, sondern auch mit anderen Leckereien. Wie Franzbrötchen. Ganz zu schweigen von dem geilen Schokoladenkuchen, den man sich im Café alleine nie bestellen würde, weil man ihn, natürlich, niemals schaffen würde. Mit dem Lippenbekenntnis zu teilen kann man unendlich viel von unendlich verbotenen Dingen bestellen. Man isst ja nicht alleine. Und schlimm kann ja schließlich nur das sein, was kein anderer mitmacht. In Gesellschaft wird es sich zumindest nicht so falsch anfühlen. Außer es wird einem hinterher tierisch schlecht, aber auch das erträgt man ja mit seinen Lieben besser. Da verkraftet man den übervollen Magen genauso wie den Kater am nächsten Morgen und nimmt sich vielleicht sogar einen gemeinsamen Fastentag mit Yoga am

Meer vor. Auch bei diesen gesunden Sachen hat man nämlich mitunter viel mehr Spaß und Durchhaltevermögen, wenn man sich mit Mitstreitern umgibt. Zusammen ist man nämlich ein ganzes Stück weniger allein. Und das macht einfach alles besser.

»Wenn sie kein Brot haben,
sollen sie doch Kuchen essen.«
MARIE ANTOINETTE ZUGESCHRIEBEN

Kapitel 7

HOME & GARDEN

»Ein Haus kann eine Villa sein,
eine Hütte, ein Zelt oder sogar eine Erdhöhle.
Ein Zuhause ist das, wo Menschen leben,
in deren Herzen die Liebe wohnt.«

Bear Heart in ›Der Wind ist meine Mutter‹

Grund Nr. 67

Weil die beste Freundin eine perfekte Mitbewohnerin ist

Wahrscheinlich habe ich über zehn Jahre meines erwachsenen Lebens mit irgendwelchen Menschen gemeinsam Häuser und Wohnungen bewohnt. In Nürnberg, Köln, Düsseldorf, Hamburg, Bonn, Washington und Frankfurt. Ocho Rios sollte ich wohl auch nicht vergessen. Von diesen zehn Jahren waren ganze eineinhalb stressfrei und schön. Das waren zufälligerweise genau die beiden Jahre, in denen ich mich nicht mit Beziehungspartnern, Verwandten und zufälligen Mitbewohnern abgequält, sondern mit meiner besten Freundin eine Wohnung geteilt habe. Das war selbst in der kleinen Ein-Zimmer-Wohnung mit Kochnische und Dusche – in der sie mich so lange beherbergen wollte, bis ich eine eigene Wohnung gefunden hätte, als ich ganz neu in Hamburg war – so harmonisch und schön, dass wir uns nach wenigen Monaten kurzerhand dafür entschieden haben, gemeinsam in eine größere Wohnung umzuziehen. Und das erwies sich als eine extrem gute Idee. Denn auch als wir nicht mehr zu zweit auf 30 Quadratmetern hockten – manchmal auch zu viert, wenn wir uns Partner eingeladen hatten –, haben wir uns nie über Belanglosigkeiten gestritten. Uns war nämlich beiden unsere Freundschaft immer viel zu wichtig, um sie wegen irgendwelchem Scheiß zu riskieren oder auch nur zu strapazieren. Also nahmen wir aufeinander Rücksicht. Manchmal vielleicht sogar ein bisschen zu viel. Aber in dieser Zeit hatten wir den größten Spaß, die abgefahrensten Erlebnisse und das harmonischste Zusammenleben meiner bisherigen Existenz auf diesem Planeten.

Natürlich musste diese schöne Zeit irgendwann auch wieder enden. Man entwickelt sich ja schließlich nur, wenn man immer wieder neuen Herausforderungen begegnet und sie meistert. Trotzdem wissen wir beide, dass wir jederzeit bei der anderen unterkommen könnten, wenn es mal nottut. Selbst wenn es sich nur um eine Ein-Zimmer-Wohnung handelte und da schon drei andere Leute zu Besuch wären. Und dazu vielleicht noch ein Boyfriend. Kein Problem. Wir sind füreinander da. Und die Freundschaft ist uns viel zu wichtig, um sie zu riskieren, indem wir uns auf die Nerven gehen. Deswegen würden wir beide immer zu vermeiden versuchen, dieses immer offene Angebot anzunehmen. Zum Glück sind wir mittlerweile in einem Alter, in dem wir über Dispo und Kreditkarte verfügen und auch andere Lösungen finden würden, wenn wir uns selbst ausquartieren müssten. Trotzdem ist es immer beruhigend zu wissen, dass es diese Option gibt und immer geben wird.

»Meine Wohnung kommt mir vor
wie ein Heiligtum.
Ich mag nur Menschen drin sehn,
die ich mag. Alle anderen weise ich ab.«
Franziska zu Reventlow in ›Tagebücher‹

Grund Nr. 68

Weil die beste Freundin immer bereit ist, ihren Freund aus der Wohnung zu werfen, wenn du Unterschlupf brauchst

An ganz dramatischen Situationen im Leben einer Frau dürfen nur sehr wenige ausgesuchte Menschen beteiligt werden. Die beste Freundin gehört definitiv dazu. Ihr Freund aber nicht.

Und wenn die Situation es erfordert, wird der einfach mal schnell ausquartiert, damit du dich bei ihr zu Hause ausheulen oder dich einfach mal kurzfristig verstecken kannst. Auch wenn sie in *seiner* Wohnung lebt. Wenn das gerade wichtig ist, muss er eben damit leben. Auch wenn es ihm überhaupt nicht in den Kram passen sollte, er muss verschwinden, weil intime Frauenzeit angesagt ist. Und zwar nicht die Art von intim, bei der er als Zuschauer glücklich werden würde. Oder auch nur im Geringsten erwünscht wäre.

Wenn er nicht für immer ausquartiert werden will, muss er wenigstens so tun, als hätte er für all das Verständnis und als würde er halbwegs freiwillig abhauen. Zur Abwechslung kann er sich ja mal bei seinen Jungs einnisten. Das gibt ihm dann schließlich auch die Chance, seine Männerfreundschaften zu intensivieren. Diese haben das ja mitunter ziemlich nötig. Oder vielleicht hocken sie auch nur zusammen, um mal wieder ungestört einen zu saufen und sich mit so wichtigen Dingen wie Poker oder Playstation zu beschäftigen. Das muss er jetzt so lange aushalten, wie es eben dauert. Und es wäre sicherlich gut für seine Beziehung, wenn er das tapfer ertragen würde. Weil dann – aber eben auch nur dann – am Ende ein großes und dankbares Wiedersehen folgt. Und wer weiß, ganz am Ende vielleicht sogar eine schicke Doppelhochzeit.

Außer wir Mädels haben uns miteinander so in Rage geredet, dass wir uns beide auf der Stelle von unseren Partnern trennen müssen. Dann kann er einfach bei seinem Kumpel bleiben und noch 'ne Weile weiter trinken. Wir Mädels ziehen einfach zusammen in unsere BFF-WG und machen uns die Welt, ganz wie sie uns gefällt.

»Ich weiß sehr wohl,
wie widersprüchlich man sein muss,
um wirklich konsequent zu sein.«
PIER PAOLO PASOLINI AUF SUEDDEUTSCHE.DE

Grund Nr. 69

Weil die beste Freundin deine Wohnung mit dir einrichtet

Leider steckt nicht in jeder von uns eine geborene Innenarchitektin. In mir zum Beispiel absolut nicht. So sehr ich es liebe, Worte oder Töne zu arrangieren, versage ich doch völlig, wenn es um das Thema Einrichtung geht. Mir fehlt nämlich komplett das räumliche Vorstellungsvermögen, um mir Dinge, die ich im Laden sehe, in meiner Wohnung vorzustellen. Erst recht, wenn es um mehrere Gegenstände gleichzeitig geht. Daher braucht es bei mir immer mehrere Jahre, bis ich eingerichtet bin. Beziehungsweise bin ich noch nie richtig fertig gewesen, bevor ich schon wieder aus der Wohnung ausgezogen bin.

Das passiert, weil bei mir immer nur ein einzelnes Teil nach dem anderen rein darf und ich dann erst mal fühlen muss, ob jetzt nicht schon zu viel in einem Zimmer steht. In der Vorstellung funktioniert das bei mir alles gar nicht (dabei hab ich in anderen Bereichen doch so eine rege Fantasie!), alles muss gegenständlich da sein und als Teil meines Raumes erfahren werden, bevor ich weiß, ob und wo es bleiben darf. Weil man große Dinge ja so schwer hin und her transportieren kann, schaffe ich sie einfach gar nicht erst an. Und das Zen-Gefühl, das manche in meinen leeren Räumen beschleicht, liegt eher an meinem aufgezwungenen Asketentum als an irgendeiner stilistischen Idee. Das ist natürlich nicht immer ein angenehmes Gefühl, denn auch ich schlafe gerne auf Betten, mag kuschelige Sofas und hätte gern viel Platz, um Schuhe und Kleidung übersichtlich unterzubringen.

Aber meist ziehe ich aus irgendwelchen Gründen wieder um, bevor die Wohnung auch nur im Ansatz fertig eingerichtet ist. Auch wenn ich da mehrere Jahre drin gewohnt habe, ist sie noch unvollkommen. Dass ich mir jetzt ein paar Bilder von der tollen Malerin Sonia Elizabeth Barrett angeschafft habe, ist für mich eine echte Revolution, denn die meisten meiner Besitztümer sind portabel, klein und leicht auseinanderzunehmen oder zusammenzuklappen. Vor allem die elektronischen.

Manchmal schleppe ich mich in Einrichtungshäuser oder diese schicken Möbelläden und finde dies und das toll und jenes ganz großartig. Wenn ich alleine da bin, verlasse ich den Laden höchstens mit ein paar Duftkerzen oder Teelichtern oder einem Geschenk für irgendeinen lieben Menschen. Ist ja auch schön. Hilft allerdings nicht dabei, sich irgendwie ein Zuhause zu schaffen. Insofern ist es toll, wenn ich meine beste Freundin dabeihabe. Die hat das nämlich total drauf. Die macht den kleinsten Raum zu einem wunderschönen Königinnenreich und weiß genau, wie viel reinpasst und was alles dazugehört. Und weil sie nicht geizig ist, stellt sie mir ihre Fähigkeiten gern zur Verfügung und berät mich gekonnt bei der Farbe des Beistelltischs und bei der Größe des Sofas. Nicht, dass ich alles mitmache – auf dieser Ebene bin und bleibe ich einfach sehr viel zaghafter als sie –, aber mit ihrer Hilfe komme ich wenigstens Stück für Stück weiter. Und irgendwann werd ich es auch mal schaffen, vor dem nächsten Umzug komplett eingerichtet zu sein. Ganz bestimmt.

»Das Haus ist eine Maschine zum Wohnen.«

Le Corbusier in ›Vers une architecture‹

Grund Nr. 70

Weil die beste Freundin ein Foto von dir bei sich aufhängt

Die Wenigsten von uns finden sich auf Postern in der *Bravo* oder auf Fotostrecken in *Playboy* oder *GQ* wieder und hängen dann bewundert in irgendwelchen Spinden oder Schlafzimmern rum. Ist ja auch nicht so, dass wir alle davon träumen, als Wichsvorlage zu enden oder unser Dasein neben Bill Kaulitz an einer Wand zu fristen.

Deswegen ist es uns Normalos eine große Ehre, wenn wir unser Antlitz in fremden Wohnungen erblicken. Mir geht das zumindest so. Es zeigt mir ja, dass Leute mich gerne um sich haben oder gerne an ein gemeinsames Erlebnis zurückdenken und sich vielleicht immer wieder ganz dolle darüber freuen. Mein Foto hängt im Arbeitszimmer meines großen Bruders und eingerahmt an einer Wand im Schlafzimmer meiner besten Freundin. Da grinse ich mich also an, wenn ich bei ihr reinkomme. Und denke sofort an die alten Zeiten zurück und freue mich, weil sie das ganz offensichtlich auch tut. Bei einer anderen Freundin hänge ich am Kühlschrank. Mehr wäre mir langsam peinlich. Aber das kommt ja nicht vor.

Meine beste Freundin und ich stehen auch bei mir im Schlafzimmer auf einem Bücherregal, auf dem Foto prosten wir uns vor sechs oder sieben Jahren mit Sekt zu ihrem Geburtstag zu (das war noch vor der Prosecco-Zeit). Wenn mich nicht alles täuscht, war das im Valentino's, wo damals die durchgestylte »Hamburger Szene« feierte. Ich hab also echt was zu lachen, wenn ich das Ding sehe und mich daran erinnere, welch banaler Schwachsinn für uns damals wichtig war. Und dass wir uns mit wirklichen Idioten umgeben und uns so leicht haben blenden lassen. Wenn ich das Foto ansehe, weiß ich, dass wir auf dem richtigen Weg sind, weil wir nicht mehr dick geschminkt auf VIP-Partys rumhängen und unseren Selbstwert davon abhängig machen, wie viele auf solchen Feiern unseren Namen kennen und unsere Drinks bezahlen. Super! Und zu wissen, dass wir uns auf diesem Weg nicht voneinander entfernt haben, sondern miteinander gewachsen sind, macht das Ganze gerade so unglaublich schön. Wir haben's zusammen geschafft. Gemeinsam und individuell. Und jetzt sind wir uns näher als jemals zuvor. Da kann man sich ja kaum vorstellen, was da wohl noch kommen könnte. Ich freu mich jedenfalls darauf!

»Schlafe sanft, und lass
mein Bild dich umschweben.«
SUSETTE GONTARD IN
›AUS DEN BRIEFEN AN FRIEDRICH HÖLDERLIN‹

Grund Nr. 71

Weil die beste Freundin dich beim Umzug unterstützt

Bei Umzügen braucht es nicht nur eine Menge starker Muckis, sondern auch mindestens ein funktionierendes Gehirn, das sich um die Organisation kümmert. Und weil das eigene bei so unangenehmen Aufgaben durch Anspannung und Stress mitunter etwas blockiert ist, kommt das der besten Freundin gerade recht. Mindestens eine muss ja den Überblick behalten und steuern, was die Mucki-Männer tun und lassen sollen und woher sie ihr Belohnungsbier kriegen.

Auch nach all den Umzügen, die ich bisher machen musste, bin ich leider noch lange kein Routinier und jedes Mal wieder so gestresst, dass ich befürchte, es nicht hinzukriegen, und am liebsten verzweifelt losheulen und aufgeben würde. Wird langsam mal Zeit für Eigentum, damit diese Aktionen ein Ende haben!

Hätte ich nicht so eine tolle und wahnsinnig verständnisvolle beste Freundin, wäre ich womöglich eine von den Leuten aus den RTL-Reportagen, die einfach aus ihren Wohnungen fliehen und alles zurücklassen. Aber zum Glück gibt es ja meine beste Freundin, und das hat mich auch immer wieder davor bewahrt, mich in den Untergrund absetzen oder ins Ausland ziehen zu müssen. Es ist nicht nur so, dass sie mich beim Umzug unterstützt, mitunter geht ihre Hilfe sogar noch viel weiter. Einmal hat sie das ganze Ding komplett für mich übernommen. Ganz alleine, während ich in Hessen mit anderen Monstern beschäftigt war. Ich musste damals mein geliebtes Hamburg für einen furchtbaren Job in Frankfurt verlassen und habe dann – jung und naiv, wie ich war – leider auch meine geliebte Wohnung aufgegeben. Weil ich von Anfang an so in diesen Job eingebunden war – und einen verrückten Geschäftsführer hatte, der 24-stündigen täglichen Einsatz voraussetzte –, konnte ich mich nicht um Dinge wie Nachmieter, Auszug und den Verkauf meiner Waschmaschine kümmern. Also hat meine beste Freundin einfach mal alles in die Hand genommen. Ohne zu murren hat sie alles ganz alleine erledigt: die Besichtigungstermine mit den möglichen Nachmietern, die Verhandlung rund um die Renovierung, den Transport der Sachen und letztendlich die Schlüsselübergabe. Ein wahnsinniger Einsatz. Ich weiß bis heute nicht, wie ich ihr dafür danken kann. Vielleicht mit diesem Buch? Ich danke dir! Ich hab keine Ahnung, wo ich heute ohne dich wäre! Zum Glück ist es nicht Frankfurt!

»Nach ›lieben‹ ist ›helfen‹
das schönste Zeitwort der Welt.«
Bertha von Suttner in ›Epigramme‹

Grund Nr. 72

Weil die beste Freundin auch auf Duftkerzen und Räucherstäbchen steht

Ebenso wie ich liebt auch meine beste Freundin tolle Gerüche in ihrem Zuhause. Bei mir gibt's eine Duftlampe im Schlafzimmer (bevorzugte Geruchsnoten: Lemongrass, Orange oder Rosenblüte), Räucherstäbchen im Flur (Zimt oder Moschus, je nach Stimmung, oder was Beruhigendes aus Tibet zum Meditieren) und viele, viele Duftkerzen in Küche und Arbeitszimmer: Vanille, wilde Beeren, Melone und all die anderen Sorten, an denen ich bei IKEA, in der Drogerie und im Discounter einfach nicht vorbeikomme. Niemals. Sind ja auch gar nicht teuer. Und heben meine Laune jedes Mal ein bisschen an. Und sie eignen sich ja auch toll als Mitbringsel und Geschenke. Und meistens bleiben sie dann doch in meinem Vorratskorb in der Küche, wo ich mich über meine großartigen Auswahlmöglichkeiten freue wie ein kleines Kind, das man im Süßwarenladen allein gelassen hat.

Männer mögen diese wohlriechend qualmenden Dinge im Allgemeinen nicht so gern. Sagen sie jedenfalls. Sie würden nie so viel Geld für die tollen ätherischen Öle und magischen Kräuter ausgeben. Und finden mitunter auch, dass Räucherstäbchen einfach stinken. Die armen Seelen haben ja gar keine Ahnung! Ist aber eigentlich ganz gut, dass wir die tollen Stimmungsaufheller für uns alleine haben! Beziehungsweise, dass wir diese Leidenschaft nur mit unserer besten Freundin teilen und mitunter auch die Duftsorten austauschen und so viel mehr Geruchsvarianten ausprobieren können. Oder dass die Prinzen gar nicht mitkriegen, was wir mit ihnen anstellen, wenn wir den Geruch unseres Schlafzimmers so auswählen, dass sie in unseren Händen zu Butter werden. Die Armen glauben ja nicht mal dran, dass so was funktioniert. Also werden sie sich höchstens darüber wundern, dass sie sich plötzlich so wohl und entspannt fühlen. Das machen die fiesen Chemiker in manchen Kaufhäusern ja auch nicht anders. Sorgen dafür, dass Leute länger bleiben, weil es sich so gut anfühlt. Und wir atmen tief durch und sehen uns noch ein bisschen länger um, weil es ja so angenehm ist. Genauso geht's den Menschen in unserem Zuhause, wenn wir es wollen. Schließlich gibt es ja auch Gerüche, die keiner aushalten kann und die jeden vertreiben. Die könnten wir natürlich auch einsetzen.

»Wenn Kerzen brennen,
offenbart sich die Stille unserer Seele.«
ERHARD H. BELLERMANN IN ›GEDANKENREICH‹

Grund Nr. 73

Weil die beste Freundin dir Dinge schenkt, die deine Wohnung schöner machen

Männer kennen meist nur ein einziges mögliches Mitbringsel zu Partys und Essenseinladungen: Alkohol. Mal ein Sixpack, mal 'ne Pulle Sekt, vielleicht auch Prosecco in blauen Flaschen oder zu besonderen Anlässen auch ein feines Weinchen. Und wenn er sich besonders beliebt machen will, kommt vielleicht noch eine Blume dazu. Oder sogar ein ganzer Strauß. Wenn er sich ganz viel Mühe gibt, ist der dann noch nicht einmal von der Tanke oder aus einem schmierigen Eimer bei Penny. Na, aber meistens bleibt es dann doch nur beim Alkohol. Passt ja meist auch besser zur Strategie für den Tag.

Solche Mitbringsel sind eigentlich ganz praktisch – wenn sie schmecken –, aber so richtige Freudensprünge löst man damit nicht unbedingt aus. Dafür bräuchte es dann doch etwas persönlicheres Engagement. Beste Freundinnen wissen natürlich, welche Präsente nicht nur nützlich, sondern auch noch längerfristig erfreulich sind. Meine beste Freundin ist nicht nur die Einzige, die jemals ein Buch von meiner Amazon-Wunschliste für mich bestellt und mir damit eine große Überraschung bereitet hat. Auch ohne solche Wunschlisten weiß sie ganz genau, worüber ich mich freue. Manchmal über kleine Dinge wie 'ne selbstgemachte Suppe oder eben auch über etwas anderes, das einfach genau passt. Und ich mach ihr auch gerne ein Geschenk, am liebsten ohne jeden Anlass.

Ich glaube, ich hab ihr mal die größte Freude bereitet, als ich ihr etwas zurückgeschenkt habe. Weil ich wusste, dass sie sich das Geschenk, das sie mir gemacht hatte, für sich selbst nie geleistet hätte und es eigentlich selbst total gern hätte. Also hab ich es wieder schön verpackt und ihr feierlich überreicht. Und sie war kein bisschen eingeschnappt, sondern hocherfreut. So gut kennen und so sehr vertrauen wir uns eben. Über wen sonst könnte man das sagen?

Wann immer ich ein neues Teil in meiner Wohnung habe, das dafür sorgt, dass ich mich zu Hause ein bisschen wohler fühle, ist die Wahrscheinlichkeit ziemlich groß, dass meine beste Freundin in irgendeiner Form etwas damit zu tun hatte.

»Es kommt nicht darauf an,
dass wir uns gegenseitig etwas schenken.
Es kommt darauf an, ob wir imstande sind,
uns gegenseitig etwas zu geben.«

Ernst Ferstl in ›Unter der Oberfläche‹

Grund Nr. 74

Weil die beste Freundin auch Strategien austestet, um ihren Typ zum Putzen zu kriegen

Manchmal ist es zwischen Prinzen und Prinzessinnen nicht so leicht. Liegt natürlich ausschließlich daran, dass die Prinzen sich einfach nicht so benehmen, wie es für ein zivilisiertes Zusammenleben angemessen wäre. Bevor wir allerdings alles hinschmeißen, versuchen wir es manchmal mit einer ausgeklügelten Strategie. Und die lässt sich am besten mit der besten Freundin entwickeln. So entsteht ein Drei- bis Zwölf-Punkte-Programm, das aus unserem und ihrem Schmutzfink einen echten Saubermann machen soll. Weil manche Exemplare einfach zu gut sind, um sie ohne einen ernst gemeinten Veränderungsversuch wieder in die Wildnis hinauszuschicken. Dazu braucht es dann eine Partnerin in Crime, eine Komplizin.

Aber das gilt nicht nur für das Hygiene-Empfinden, sondern zum Teil auch für Einstellungen, die überhaupt nicht gehen. Bei meiner besten Freundin gab es schon die seltsamsten Anhänge, so wie einer, der sich bei rechtem Metal mit Alk zuschüttete und dabei seine Aggressionen rausließ, ohne zu schnallen, was er da an menschenverachtendem Scheiß konsumierte.

Ging natürlich so gar nicht, aber meine beste Freundin hatte die Hoffnung, dass Einsicht und Umdenken möglich sein könnten. Also musste zumindest ein ernsthafter Versuch gestartet werden, um sein Bewusstsein für diese Inhalte zu schärfen und ihm klarzumachen, dass er für sein Leben und alle Facetten davon Verantwortung trägt.

Hat leider nur bedingt funktioniert, aber über die Strategie haben meine beste Freundin und ich uns permanent beraten. Und auch über das Beziehungsende, das folgte, nachdem die Strategie gemeinschaftlich für gescheitert erklärt werden musste. Beim nächsten Mal gehen wir noch ein bisschen schlauer vor. Am besten so, dass wir uns gar nicht erst ein »Projekt« suchen, sondern jemanden, der ähnlich bewusst und kritisch und positiv ist wie wir.

Und auch wenn wir natürlich nicht jeden davon überzeugen wollen, sich vegetarisch zu ernähren und an Anti-Rassismus-Trainings teilzunehmen, bleiben meine beste Freundin und ich doch immer Verbündete, wenn wir auf Menschen treffen, die nicht komplett unseren Traumvorstellungen entsprechen. Wir trainieren uns allerdings auch gegenseitig darin, uns nicht von Belanglosigkeiten davon abhalten zu lassen, einen Menschen als so wunderbar zu erkennen, wie er in Wirklichkeit ist.

»Erfolge kann man nicht buchen,
doch sollte man es versuchen.«
Erhard H. Bellermann
in ›Veilchen, so weit das Auge reicht‹

Grund Nr. 75

Weil die beste Freundin immer einen Tipp hat, wenn man Flecken nicht rauskriegt

Ich gebe zu, dass ich nicht die perfekte Hausfrau bin, obwohl ich durch die jahrelange Schule meiner Mutter und meiner Großmutter gegangen bin, die mir alles beibringen wollten, was man so können muss, um einen Haushalt in Ordnung zu halten. Dazu gab es dann eine Aussteuerkiste, in die seit meinem elften Lebensjahr zu allen möglichen und unmöglichen Anlässen Gläser, Töpfe und Teller gewandert sind, die ich dann für meine erste eigene Bleibe bekommen sollte. Nach über 30 Umzügen ist von diesen Dingen wahrscheinlich kein einziges Stück mehr übrig, und irgendwie scheint mein Bruder mehr aus dieser harten Schule behalten zu haben. Er ist nämlich der Hausmann de luxe, besitzt ein großes Haus und arbeitet den ganzen Tag in einem schicken Büro.

Bei mir gibt's dagegen 'ne Wohlfühl-Balance in meiner mittelgroßen Wohnung, die je nach Stimmung eine gewisse Unordnung, eine Pfandflaschensammlung und ein ungemachtes Bett beinhaltet. Von Klamotten hab ich mich des Öfteren getrennt, wenn sie Flecken hatten, die sie beim Waschen nicht verlieren wollten. Die Blöße, meinen großen Bruder zu fragen, hab ich mir allerdings nicht gegeben. Und Mutter und Großmutter sollen eigentlich auch in dem Glauben bleiben, dass sie in ihren Erziehungsbemühungen einen passablen Job gemacht haben. Haben sie ja auch. Trotzdem krieg ich Deoflecken genauso wenig weg wie die undefinierbaren Spuren, die wilde Outdoor-Partys auf den Lieblingsteilen hinterlassen. In der Vergangenheit wanderten diese Stücke dann mit meinem Segen in den Altkleider-Container oder sie wurden zerschnitten und zum Putzen missbraucht (wenigstens das hab ich von meiner Mutter gelernt, wobei ich zumindest meine alte Unterwäsche nicht zum Putzen benutze).

Doch eines Tages saß meine beste Freundin auf meinem Küchensofa. Ich erzählte ihr, dass ich ein weiteres tolles und ehemals weißes Top entsorgen müsse. Sie hielt mich davon ab, da sie sofort wusste, was zu tun war. Und natürlich bin ich ihrem Tipp gefolgt und habe einen bahnbrechenden Erfolg erzielt. Also besitze ich es noch und trage es immer wieder gerne. Ich werde es behalten, genau wie meine beste Freundin. Die behalte ich wahrscheinlich sogar noch viel länger.

»Hausarbeit ist so leicht, dass sie
in psychiatrischen Heilanstalten traditionell
von jenen Schwachsinnigen erledigt wird,
die zu keiner anderen Tätigkeit mehr taugen.«
ESTHER VILAR IN ›DER DRESSIERTE MANN‹

Grund Nr. 76

Weil Kochen mit der besten Freundin am meisten Spaß macht

Ich bin eine Freestyle-Köchin. Was bedeutet, dass ich mich nicht an Rezepte und Vorgaben halte, sondern einfach experimentiere, ohne vorher zu wissen, was hinterher dabei herauskommt. Deswegen werde ich gerne nervös, wenn ich für Gäste kochen muss, obwohl es im Endeffekt in der Vergangenheit doch meistens geklappt hat. (Wenn ich zu nervös werde, gibt es immer Raclette, das kann jeder selbst verbocken.) Meistens koche ich nach Farben, was leider auch nicht jeder nachvollziehen kann. Wenn in meinem Topf also Grün vorherrscht, kommt auf jeden Fall noch etwas Rotes rein, vielleicht auch noch was Gelbes dazu. Und dann noch ein tolles karibisches Gewürz, das ich in London gekauft hab, und immer gerne Erdnussbutter und Ingwer – das macht eigentlich alles geil. Genau wie Zimt und Curry, Chili und Dill. Aber ich schweife ab …

Ich gebe nämlich auch bei meinen Experimenten gern die Verantwortung ab. Weil viele Köche bekanntlich den Brei verderben, ist am Ende ja keiner wirklich schuld. Und mit wem könnte man besser wilde Experimente rund um Vanilleschoten und Yamswurzeln wagen als mit der besten Freundin? Entweder zusammen oder jeder rührt in seinem Topf, oder man teilt sich die Arbeitsschritte. Was man dann auf jeden Fall teilt, ist das Ergebnis. Oder die Rechnung vom Kumpir-Stand, falls die Ergebnisse nicht für den menschlichen Verzehr geeignet sein sollten. Und die für den restlichen Abend, den man zum Beispiel in einer schicken Bar verbringen kann.

Spaß hatten wir auch mehrmals, als die Experimente meiner besten Freundin nicht von Erfolg gekrönt waren. So gab es schon eine halbrohe Pute aus dem Ofen (die ihr damaliger Verehrer treudoof und mit viel Durchhaltevermögen gekaut und runtergewürgt hat) und einmal ein lustiges Linsengericht, bei dem sie es positiv fand, dass noch alles »knackte«. Hinterher lacht es sich in jedem Fall am schönsten. Bei einer anderen besten Freundin schmeckte es immer. Das lag allerdings daran, dass ihr Freund kochte, während sie sich um Musik und Unterhaltung kümmerte. Eine gute Arbeitsteilung ist eben ungemein wichtig. Und am Ende ist die Gesellschaft ja viel wichtiger als der Geschmack.

»Wenn alle Künste untergeh'n,
die holde Kochkunst bleibt bestehen.«
George Meredith
in ›Richard Feverels Prüfung‹

Grund Nr. 77

Weil die beste Freundin nach einer Party mit dir zusammen sauber macht

Eine Party zu veranstalten ist großartig, aufregend und eine ganz wunderbar inspirierende Sache. Ich versuche das einigermaßen regelmäßig zu machen, um die wertvollen Menschen in meinem Umfeld immer mal wieder gemeinsam und entspannt auf einem Fleck zu haben – bei mir zu Hause. Aber so eine Party ist nicht nur die reine Freude, zumindest für die arme Gastgeberin nicht. Zum einen sind da die Vorbereitung, das Schleppen von Getränken und das Einkaufen und Kochen, zum anderen tauchen all die kleinen Ängste und Fragen auf, wie »Werden sich alle gut verstehen?« und »Kommt überhaupt jemand?« oder »Werden die Getränke reichen?«.

Vor dem ersten offiziellen Gast kommt immer meine beste Freundin vorbei, leistet mir Gesellschaft oder packt mit an, falls irgendwas noch nicht perfekt vorbereitet ist. Oder unterstützt mich dadurch, dass sie mich daran erinnert, dass gar nicht alles perfekt sein muss. Oder sie stößt einfach schon mal mit dem ersten Drink mit mir an, damit ich ein bisschen ruhiger werde. Eine sehr wichtige Unterstützung! Wenn die ersten Gäste kommen, sind wir beide dann jedenfalls schon mal richtig gut gelaunt und ziehen die anderen einfach mit.

Doch nach der Party ist vor der größten und uncoolsten Herausforderung der ganzen Veranstaltung: Die Wohnung muss schließlich wieder bewohnbar gemacht werden. Und entgegen allen Beteuerungen meinerseits, das später in Ruhe machen zu wollen, packt meine beste Freundin einfach mit an. Fast so, als wäre es ihre eigene Wohnung. Ist es ja auch irgendwie. Weil in Frauenfreundschaften natürlich immer gilt: »mi casa es su casa«. Und dann geht alles ganz schnell, und wenn ich am nächsten Nachmittag wieder aufwache, räume ich nur noch die Spülmaschine aus und bring die restlichen Mülltüten runter. Und bin dann so entspannt, dass ich schon wieder den nächsten Event plane. Den Termin spreche ich nicht nur deswegen mit ihr ab, weil sie mir beim Spülen behilflich ist, sondern auch und vor allem, weil das ganze Ding mit ihr viel mehr Spaß macht! Vielleicht ist die nächste Party ja auch bei ihr. Ehrensache, dass ich dann auch mit anpacke. Wenn sie mich denn lässt …

»Ich habe vergessen, dir zu sagen,
du sollst deine Zähne nicht
mit dem Tischtuch putzen.«
PIETRO ARETINO IN ›DIALOGHI‹

Kapitel 8

STUDIUM, BERUF & KARRIERE

»Mit dem Beruf geht es wie mit der Ehe,
man merkt das Störende darin
schließlich nicht mehr so.«

Honoré de Balzac in ›Les parents pauvres‹

Grund Nr. 78

Weil die beste Freundin dich auch bei den wahnwitzigsten Ideen ermutigt

Den größten persönlichen und gesellschaftlichen Errungenschaften steht meist nur die eigene Feigheit im Weg. Der fehlende Mut, etwas Ungewöhnliches auszuprobieren und einfach mal zu sehen, was danach passiert. Es könnte ja etwas Großartiges sein. Aber es könnte natürlich auch schiefgehen. Und könnte die spießigen Menschen dazu bringen, ihre Nasen zu rümpfen. Wäre natürlich ein Super-GAU! Und genau deswegen entstehen die großartigsten Dinge meist einfach gar nicht. Bleiben versteckt in Schubladen, werden nicht ausprobiert, erreichen nie das Licht der Welt. Und das ist wirklich tragisch. Wer weiß, was wir alles für tolle Erfindungen, Firmen und Organisationen hätten. Ganz zu schweigen von den tollen Kunstwerken, die wir nie zu sehen und zu hören bekommen haben.

Außer, wenn es da jemanden gab, der Mut gemacht hat. Für dich gibt es da diese eine Person, die dir immer wieder in den Ohren liegt und dir sagt, dass du es schaffen kannst. Wer sollte das schließlich tun, wenn nicht genau du mit all deinen tollen Fähigkeiten, die keine andere in der gleichen Form hat?

Ohne diesen wunderbaren »Du schaffst das doch!«-Papagei in Form meiner besten Freundin hätte ich die tollsten, aufregendsten Dinge in meinem Leben nicht umgesetzt. Im Nachhinein haben sie mich dann stolz und glücklich gemacht und mich wirklich weitergebracht. Ich hätte also nicht in den USA studiert, keine Bücher geschrieben, nicht so schnell die Jobs gekündigt, die mich unglücklich gemacht haben, und mich wahrscheinlich auch nicht so zielsicher für und gegen meine Partner entschieden. Aber all das und noch viel mehr habe ich getan und bin unendlich glücklich darüber. Deswegen werde ich auch weiter Risiken eingehen und mich immer wieder und immer häufiger trauen, über meinen eigenen Schatten zu springen und jeden Selbstzweifel zu besiegen. With a little help from my friend. Ohne sie wäre das alles jedenfalls schwierig bis unmöglich gewesen. Aber ich hatte sie ja immer an meiner Seite oder zumindest in meinem Herzen. Und so konnte ich über Wasser gehen und fliegen. Immer wieder. Und für mich ist es kaum fassbar, was auch sie mittlerweile alles geschafft hat. Auch sie hat also Zauberkräfte. Und ich bilde mir ein, dass ich an ihrer Entwicklung einen kleinen Anteil hatte. Wir bringen uns also gegenseitig weiter. Zauberhaft.

»Frisch also! Mutig ans Werk!«
FRIEDRICH SCHILLER IN ›DIE RÄUBER‹

Grund Nr. 79

Weil die beste Freundin dich vom Studieren abhält

Unsere Lebenszeit ist begrenzt, deswegen versuchen wir alle, möglichst viel aus dieser kurzen Zeit auf der Erde rauszuholen. Zum Beispiel möglichst viel Geld oder auch möglichst viel Bildung. Bei all der Bildung und dem stressigen Prüfungs- und Lerndruck kann man aber schnell mal vergessen, dass man auch ein bisschen Spaß, Entspannung und Rumhängen mit einbauen muss, weil man sonst ziemlich unglücklich wird. Und einen ganz gefährlichen Tunnelblick entwickelt.

Wie gut, dass die beste Freundin dich zur richtigen Zeit daran erinnert und dich zwischendurch mal wieder in ein Privatleben ohne akademisch-kritische Diskussionen und philosophische Analysen entführt. Denn manchmal braucht man auch einfach nur einen Abend mit belanglosen Filmen, eine durchtanzte Nacht und das Zusammensein mit Freundinnen. Gerade dann, wenn eigentlich die Vorbereitung auf eine Prüfung ansteht und dir die Angst davor fies wie ein Teufelchen im Nacken sitzt. Da heißt man doch das Engelchen willkommen, das zart flüsternd haucht: »Genieß dein Leben doch ein bisschen, der Rest läuft schon nicht davon! Eine Pause wird dir guttun.« Und die Engel sind ja meistens da, um uns etwas Gutes zu tun und uns vor den schlimmen Gefahren zu beschützen, insofern macht es Sinn, diesem Flüstern zu folgen und die Pflichten einfach mal Pflichten sein zu lassen.

Da meine beste Freundin jetzt wieder mit dem Studieren angefangen hat, werde ich es auch als meine persönliche Verantwortung ansehen, sie ab und zu aus ihrer Bücherecke zu locken, wenn sie zu viel über Normensysteme in Metadiskursen und volkswirtschaftliche Aspekte digitaler Wirtschaftsdynamik erzählt. Das kann nämlich nicht gesund sein. Sie hat mich damals ja auch davor bewahrt, mir an der Uni eine Sprache anzueignen, die kein normaler Mensch mehr verstehen konnte. Das hätte meinen heutigen Job ziemlich unmöglich gemacht. Wie froh bin ich über mein Schutzengelchen! Und ich revanchiere mich gerne.

»Es ist wichtiger,
Menschen zu studieren als Bücher.«
François de La Rochefoucauld
in ›Nachgelassene Maximen‹

Grund Nr. 80

Weil die beste Freundin sich mit dir in die langweiligsten Vorlesungen setzt, um dich danach schon mittags betrunken zu machen

In einer guten Frauenfreundschaft ist es manchmal völlig egal, was man eigentlich unternimmt. Man will einfach nur Zeit miteinander verbringen. Möglichst viel davon. Während ich studiert habe, war meine beste Freundin angestellt. Als sie Urlaub hatte, hat sie mich nicht nur von der Uni abgeholt, sie hat mich auch einfach mal in Vorlesungen begleitet, um sich das Ganze anzusehen und mir ein bisschen Gesellschaft zu leisten. Das machte die Vorlesung in »Allgemeines Verwaltungsrecht II« nicht nur viel erträglicher, es gab auch noch einen krönenden Abschluss, wenn wir unser gemeinsames Mittagessen, das als kleine Pause zwischen den Vorlesungen gedacht war, in ein gemeinsames Betrinken in Campus-Nähe übergehen ließen. Danach mit einem leckeren Abendessen zum Studentenpreis. Und weiter ging's in eine Bar, ins Kino oder direkt auf die schöne Wiese mit einer Pulle Wein oder einem Sixpack. So lobt man sich das Studentenleben, zumindest mal zur Erholung zwischendurch.

Manchmal muss man Vernunft einfach Vernunft sein lassen und Spaß haben. Dummheiten machen dabei den größten Spaß. Vor allem in guter Gesellschaft. Und dass wir uns dabei lustig über die gestressten Kommilitonen in lachsfarbenen Hemden und Segelschuhen auslassen und uns Theorien über das Sexleben der Profs ausdenken, macht das Ganze dann besonders amüsant. Und die nächste Vorlesung wird plötzlich ein ganzes Stück erträglicher. Da kann man dann auch noch kichern, wenn man wieder alleine dort sitzt. Weil die beste Freundin recht hatte, als sie meinte, dass der Typ mit dem Überbiss beim Lecken wahrscheinlich sabbert. Na ja, so bleibt man in der nächsten Vorlesung wenigstens wach. Und kichert manchmal an echt unangemessenen Stellen. Gut so! Ich hab es auf jeden Fall genossen!

»Es ist besser zu genießen und zu bereuen,
als zu bereuen, dass man nicht genossen hat.«
Giovanni Boccaccio in ›Decamerone‹

Grund Nr. 81

Weil die beste Freundin sich mit dir Racheaktionen ausdenkt, wenn Kollegen dich ärgern

Fiese Kollegen lassen sich ja manchmal nicht komplett vermeiden, denn schlimme Mobber können fast überall lauern oder zeigen auch nur mal zwischendurch ihr fieses Gesicht. Daher muss man irgendwie mit ihnen umgehen lernen oder sie und ihre Aktionen rigoros ignorieren. Wenn sie richtig scheiße sind, kann man ihr Verhalten allerdings nicht immer verdrängen und sie damit ungeschoren davonkommen lassen. Ab einem gewissen Punkt muss man dann auch mal selbst handeln und wieder Gerechtigkeit herstellen. Oder zurückerobern, was die fiese Person mittels geballter und gekonnt eingesetzter Hinterfotzigkeit an sich gerafft hat.

Also müssen wir eben auch unsere geheimen Mittelchen einsetzen. Am besten ganz ohne dass unsere Beteiligung an einer für unseren Kontrahenten unschönen Situation auffliegt. Also brauchen wir vertrauenswürdige Verbündete. Dazu Kollegen einzuspannen ist wahnsinnig gefährlich und geht früher oder später meistens schief, weil es auffliegt. Also braucht man Unterstützung von außerhalb der Firma, aber innerhalb deines engsten Kreises. Deine beste Freundin hat es drauf, jemanden ins Schwitzen zu bringen, indem sie sich als Journalistin ausgibt und deinem Geschäftsführer telefonisch unangenehme Fragen stellt und sich nach der beruflichen und persönlichen Vergangenheit des bösen Kollegen erkundigt. Klar, dass der demnächst ein bisschen viel Aufmerksamkeit auf sich ziehen wird und womöglich sogar unangenehme Fragen beantworten muss. Oder dass man ihn zumindest skeptisch beäugt und genau im Auge behält. Der Stress, den diese Situation mit sich bringt, wird ihn davon abhalten, dir weiterhin das Leben schwer zu machen. Und solange er sich abstrampelt, um selbst wieder in einem positiveren Licht zu stehen, kannst du natürlich einen Sprint hinlegen und dich nach vorne arbeiten. Und die unangenehme Person wird sich noch mal genau überlegen, ob sie sich wieder mit dir anlegen will. Denn sie legt sich dann ja automatisch mit deiner besten Freundin an, und ich kann nur sagen, dass das keine allzu schlaue Idee wäre.

»Die Rache ist das Vergnügen der Weisen.«
›Le Nozze di Figaro‹
von Wolfgang Amadeus Mozart

Grund Nr. 82

Weil die beste Freundin dir zur Kündigung rät, wenn sie sieht, wie unglücklich du in deinem Job bist

Nichts ist schlimmer, als in einer unglücklichen Situation zu stecken und das Gefühl zu haben, man kann sich nicht daraus befreien oder darf es aus irgendwelchen Gründen nicht. Wenn man länger in so einer Lage lebt, dann entwickelt man wohl früher oder später Magengeschwüre und andere chronische Krankheiten oder fängt mit der Zeit an, ziemlich destruktive Dinge zu tun. Wahrscheinlich sogar beides. So bin ich schon viel zu vielen Alkoholikern, Kokainabhängigen und exzessiven Rumvöglern begegnet, die in ihren Jobs feststeckten, die in der Theorie zwar immer ganz toll klangen (Redaktionsleiter, TV-Producer, PR-Manager), für die Betroffenen aber nichts als Druck, Sinnlosigkeit und Negativität bedeuteten. Diese Menschen zu erleben war für mich immer wieder ein Ansporn, destruktive Situationen zu verlassen – egal, wie schick es war, ein hohes Gehalt, einen unbefristeten Vertrag und so angenehme Dinge wie eine BahnCard First und Einladungen in irgendwelche elitären Verbände zu bekommen.

Ob ich das ohne gute Freundinnen im Rücken immer so geschafft hätte, weiß ich nicht. Sie haben mich darin bestärkt, dass ich das Recht und sogar die Pflicht habe, glücklich zu sein und mich mit all meinen Talenten zu entfalten, statt in irgendeinem Hamsterrad zu vegetieren, nur um mich zehn Jahre später depressiv in eine geschlossene Anstalt einweisen zu lassen. Aber zum Glück habe ich diese Freundinnen, die liebevoll, aber sehr deutlich zu mir sagen: »Du siehst furchtbar aus! Geht's dir nicht gut?« Und dabei gibt es ganz besonders die eine beste Freundin, die mir immer weiter gut zuredet und mir hilft, jeden Zweifel auszuräumen, jede Möglichkeit abzuklopfen, bis ich mir sicher bin, genau das Richtige zu tun. Ich verfasse ein Kündigungsschreiben und überlege mir, was ich eigentlich *wirklich* machen will. Und mit wem. Und wo. Wenn dann alles durchgezogen und verdaut ist, feiern wir diesen Schritt zusammen und freuen uns in regelmäßigen Abständen darüber, dass wir heute so erfüllt und glücklich sind und uns Jahr für Jahr, Herausforderung für Herausforderung weiter dabei steigern. Irgendwann heben wir noch komplett ab vor lauter Euphorie und schweben der Sonne entgegen, so viel ist klar.

»Ob man den Beruf nur ausübt,
um Geld zu verdienen,
oder ob die Arbeit Freude bereitet,
weil man sie sinnvoll findet, entscheidet,
ob man Sklave oder König ist.«

MAX LÜSCHER IN ›READERS DIGEST‹ (SCHWEIZ), 2/2009

GRUND NR. 83

Weil die beste Freundin jederzeit eine Firma mit dir gründen würde

Solltest du mit dem Gedanken spielen, eine deiner tollen Business-Ideen umsetzen zu wollen und vielleicht sogar richtig professionell eine Firma zu gründen, brauchst du dafür nichts mehr als Menschen, auf die du dich komplett verlassen kannst. Auf ihre Einschätzung deiner ersten Ideen, des Business-Plans und der Auswahl der Menschen, die mit an den Start gehen sollen.

Und auf wen könnte mehr Verlass sein als auf die Frau, die seit Jahren diskret mit all deinen Geheimnissen und peinlichen Geschichten umgeht und die genau weiß, wo deine Stärken und deine kleinen Schwachstellen liegen? Welche Leute für dich gefährlich sein könnten und welche dir tatsächlich guttun und dich erfolgreich machen könnten? Deine beste Freundin ist natürlich voll im Bilde und gibt dir wichtiges Feedback, wie es ein teurer Consultant mit einer Million schicken Zertifikaten nicht besser könnte. Weil sie nicht nur prüft, ob eine Kalkulation Sinn macht, sondern auch darauf achtet, ob du dir da Dinge vornimmst, die du gut kannst und so gerne machst, dass du das auch durchhalten wirst. Sie kann dir auch die richtigen Fragen stellen und bezieht zum Beispiel deine Familienplanung mit ein oder erinnert dich an andere Vorhaben, die du für die nächsten Jahre noch hast. Die große Reise oder den ehrenamtlichen Einsatz gegen Verwahrlosung und Analphabetismus bei deutschen Kindern. All die Dinge, die du in der ersten Euphorie mal kurzfristig vergessen haben könntest.

Aber nicht nur ihre Meinung ist wichtig und hilft dir immens weiter. Auch und vor allem, wenn du integre Menschen brauchst, die mit dir gemeinsam an den Start gehen und mit dir zusammen Geld und Zeit investieren, ist deine beste Freundin die beste Wahl. Auch wenn die Idee zur Gründung nicht von Anfang an sowieso ein gemeinsames Projekt war, kannst du sicherlich keine bessere Partnerin finden. Ob offiziell oder inoffiziell. Sie ist ja sowieso mit dabei. Auch bei all den Terminen, die du nicht so gerne alleine durchziehen möchtest. Und wenn du aufgeben willst, weil die Angst doch mal überhandnimmt, stärkt sie dir den Rücken, damit es nach einer Verschnaufpause wieder mit voller Kraft vorangehen kann.

»Sei selbständig.
Was kümmert Dich am Ende
das Urteil der ganzen Welt,
wenn Du tust, was Du nach Pflicht
und Gewissen und nach
Deiner redlichen Überzeugung tun sollst?«
Adolph Freiherr Knigge
in ›Über den Umgang mit Menschen‹

Grund Nr. 84

Weil die beste Freundin Krisen mit dir durchsteht

Wie in jeder anderen Beziehung gibt es auch in engen Frauenfreundschaften immer mal wieder Phasen, in denen es nur mehr oder weniger gut läuft. Vielleicht gibt es sogar richtige Krisen. Und das sind dann auch die Zeiten, in denen diese Freundschaft sich wirklich bewähren kann und muss, wenn es damit weitergehen soll. In denen sich zeigen kann, ob und wie sehr man wirklich miteinander verbunden ist. Vielleicht ist man nämlich sogar so sehr verbunden, dass es wichtig ist, auch mal eine Verschnaufpause einzulegen.

Mit einer meiner besten Freundinnen gab es so eine ausgedehnte Pause, und die dauerte sogar mehrere Jahre, die wir in unterschiedlichen Städten verbracht haben. In dieser Zeit haben wir uns nur sporadisch auf den aktuellen Stand gebracht und uns jeweils komplett auf uns selbst konzentriert. Das war damals sehr wichtig für uns, wie wir später beide ganz deutlich bemerkt haben. Als wir uns danach wieder begegneten und erst mal langsam aneinander herantasteten, merkten wir nämlich schnell, dass wir uns beide in großen Schritten entwickelt hatten, vieles gelernt hatten und gewachsen waren. Und dass wir trotzdem – oder genau deswegen – sehr viel miteinander anfangen konnten und uns wieder total verbunden fühlten. Und es dauerte dann auch gar nicht sehr lange, bis wir wieder die allerwichtigsten Menschen füreinander wurden.

Heute gehen wir sogar noch sorgsamer miteinander um als früher. Und das auch und ganz besonders, weil sich unsere Lebensumstände in der Zwischenzeit ziemlich unterschiedlich entwickelt haben. Wir haben uns eben so weit voneinander abgegrenzt, dass wir uns heute nicht mehr freistrampeln und dafür in andere Städte fliehen müssen. Jetzt können wir auch im gleichen Stadtteil sehr verschieden sein und dabei als ein ganz, ganz tolles Doppel unendlich viel Spaß haben und uns gegenseitig unterstützen.

»Akzeptiere ich,
dass jede Krise eine Chance ist,
dann nehme ich ihr
ein großes Stück Macht über mich.«
NINA RUGE IN DER ZEITSCHRIFT ›ALVERDE‹, 7/2008

Grund Nr. 85

Weil die beste Freundin dich in der Mittagspause mit lustigen Geschichten unterhält

Nicht jede coole Frau hat einen so aufregenden Job wie ich. Leider. Für einen Großteil der in Deutschland ansässigen Menschen bedeutet der Job neben Stress und Frust nichts als eine immense Portion Langeweile. Und dann braucht man ganz dringend zwischendurch etwas Erheiterndes. Meine beste Freundin bekommt das auch. Und zwar von mir höchstpersönlich. Zum Beispiel in Form eines Telefonats oder eines kurzen Bürobesuchs in der Mittagspause. Und dann kriegt sie Geschichten aufgetischt, die sie so sehr amüsieren, dass sie das mit dem Essen vor Lachen fast nicht mehr hinkriegt. Und irgendwann fängt auch sie an zu erzählen, so dass *ich* mich dann nicht mehr einkriege. Am witzigsten sind eigentlich immer die Geschichten, in denen wir beide vorkommen. Aus längst vergangenen Zeiten, in denen wir noch jung und dumm waren und so einigen Blödsinn angestellt haben. Ist natürlich zu peinlich, um das hier aufzuschreiben, aber wir haben schon Scheiße gebaut, über die wir heute tagelang kichern können. Und irgendwie haben wir es dann doch geschafft, richtig tolle Frauen zu werden. Was für ein Glücksfall!

Und selbst wenn man so aufregende Jobs hat wie ich, langweilt man sich zwischendurch, will mal eine Pause machen, wenn die nächste Deadline das erlaubt. Und auch dabei leistet mir meine beste Freundin immer mal wieder Gesellschaft. Ruft spontan an und steht innerhalb kürzester Zeit bei mir in Hamburg Ottensen auf der Matte. Sie bringt dann entweder

Suppe von bok mit oder wir gehen zum Kumpir, setzen uns in die Sonne und lachen uns die Seele aus dem Leib. Dafür finden wir natürlich immer einen Grund. Und wenn wir die Pause nicht zu einem frühen Feierabend in der Red Lounge ausdehnen, geht es nach unserem Treffen wieder voller Energie und guter Laune an die Arbeit. Und am nächsten Tag retten wir uns wieder. Mindestens durch ein Telefonat …

»Lachen ist nicht der schlechteste
Anfang einer Freundschaft
und bei Weitem das beste Ende.«

Oscar Wilde in ›Das Bildnis des Dorian Gray‹

Grund Nr. 86

Weil die beste Freundin dich berät, wenn große Entscheidungen anstehen

Die größte Herausforderung für jemanden wie mich sind die lästigen Entscheidungen, die leider stets aufs Neue getroffen werden müssen. Meistens sind sie leider sehr kompliziert und kommen in der einen oder anderen Form fieserweise immer und immer wieder. Und leider gibt es da ja meistens auch so ein Element, das sich hinterher nicht mehr ändern lässt. Wenn eine Möglichkeit ergriffen wird, ist die andere weg. Oder man hält sich für extrem schlau und versucht, sich alle Möglichkeiten offenzuhalten. Das versuche ich immer wieder mal. Bis es nicht mehr geht. Und dann nehme ich gezwungenermaßen irgendwann die dritte Variante und guck nie wieder zurück. Oder so in der Art. Vielleicht auch nicht ganz so dramatisch. Denn es gibt ja glücklicherweise zumindest einen regulierenden Faktor in diesem Spiel: meine beste Freundin. Mit der ich mir alle möglichen und unmöglichen Szenarien ausdenken und mir ausmalen kann, wie ich mich in welchem Fall fühlen würde und wohin das Ganze dann wohl in meinem Leben führen könnte. Und je nach Bedarf weiß sie ganz genau, ob ich nur mal alles loswerden will, ob ich einen Tritt in den Arsch brauche oder ob sie mir viele Fragen stellen muss, damit ich selbst erkenne, was ich eigentlich sowieso schon die ganze Zeit über gewusst habe.

Wenn es um meine Karriere geht, helfen mir jedenfalls kein Arbeitsamt und kein Consultant, sondern ich erörtere mit meiner besten Freundin, was mich glücklich und gleichzeitig reich machen würde. Sie ist – zumindest virtuell – dabei, wenn ich mir neue Wohnungen ansehe, und lässt mich wissen, was sie von meinen neuesten Bekanntschaften und meinen Kollegen hält. Und sollte die große »Should I stay or should I go«-Frage in einer Beziehung anstehen, ist sie natürlich auch unterstützend mit an Bord.

Wobei meine beste Freundin oft eher diejenigen unterstützt, die ich verlassen habe, weil sie ein so wahnsinnig empathischer Mensch ist. Da erklärt sie dann also den Verlassenen, dass ihr Leben weitergeht und dass sie nicht unbedingt auswandern müssen. Vielleicht ist sie ja auch der wahre Grund, warum ich mich mit allen meinen Expartnern früher oder später wieder gut verstehe. Weil sie dafür sorgt, dass die mir irgendwann verzeihen und selbst glauben, dass die Trennung gut für sie war.

»Oft bitten mich Leute um einen Rat,
doch im Allgemeinen lautet der beste Rat,
den ich jedem zu jeder Zeit geben kann:
Vollenden Sie niemals einen negativen Gedanken.«
THOMASIN VON ZERKLAERE IN ›DER WELSCHE GAST‹

Grund Nr. 87

Weil die beste Freundin für Monate auf dich verzichtet, wenn es für dich wichtig ist

Manchmal muss man sich einfach mal zurückziehen, um zur Ruhe zu kommen und ein paar Dinge über sich selbst herauszufinden. Fasten, durchatmen, an fremden Orten ganz mit sich alleine sein. Herausfinden, wer man eigentlich ist, wenn man nicht da ist, wo man schon immer war und wo einen alle schon in der alten Rolle kennen. Wenn man nicht mit und bei denen ist, mit und bei denen man schon immer war, eröffnen sich plötzlich ganz neue und ungeahnte Möglichkeiten. Im besten Fall macht man so eine Erfahrung ohne permanent online oder am Telefon zu sein. Es geht dabei nämlich um einen wirklichen Rückzug. Und der geht nur, wenn man so viel wie möglich loslässt. Ist natürlich schwer, wenn die anderen nicht auch loslassen wollen. Das kann zum Beispiel bei klammernden Verwandten passieren. Und natürlich bei Partnern, die mitunter böse Fremdgängerinnen-Absichten vermuten und gar nicht einsehen wollen, dass man dieses Alleinsein braucht und dass das weder was mit ihnen noch mit anderen Menschen zu tun hat. Die beste Freundin respektiert deine Entscheidung, allerdings schweren Herzens, und lässt dich gehen. Denn auch das gehört zu einer guten Freundschaft. Da dreht es sich ja schließlich auch darum, dass beide genug Raum haben müssen, um sich entwickeln und wachsen zu können, so dass es beiden Teilen gut und dann mit der Zeit immer und immer noch besser geht.

Also verzichtet sie für eine Weile darauf, jeden ihrer Schritte mit dir zu besprechen, und freut sich tierisch, wenn du dann wieder ganz erholt und mit neuer Klarheit am Start bist. Mit all deinen neuen Erkenntnissen und Weisheiten. Die du dann ja auch mit ihr teilst. Und zu aller Überraschung hat sie wahrscheinlich ohne dich auch eine ganze Menge über sich herausgefunden. Ihr seid also beide ein paar Schritte weitergekommen. Und wisst mittlerweile, dass vielleicht auch eine gemeinsame Reise raus aus der alten Welt eine total gute Idee wäre.

»Solange uns die Menschlichkeit
miteinander verbindet,
ist es völlig egal, was uns trennt.«
Ernst Ferstl in ›Kurz und fündig‹

Grund Nr. 88

Weil die beste Freundin sich am meisten freut, wenn du die nächste Stufe erklommen hast

Manchmal geht es mit der persönlichen Weiterentwicklung nicht unbedingt unauffällig, schleichend und kontinuierlich voran. Manchmal merkt man ganz plötzlich, dass man an einem ganz neuen Ort angekommen ist, auf einem ganz neuen Level, auf dem man noch souveräner entscheidet, noch klarer die inneren Signale wahrnimmt und immer zuversichtlicher nach der eigenen Intuition handelt. Und der persönliche und berufliche Erfolg gibt uns immer wieder recht. Wieder mal ein ganzes Stück glücklicher, eigenständiger und erwachsener geworden.

Manche Leute aus deinem Umfeld werden bei so etwas nicht so schnell mitkommen. Sie kriegen Angst vor der Veränderung und wenden sich vielleicht sogar zeitweise ab. Weil sie selbst nie erwachsen werden wollen und diesen Prozess bei anderen nur mit einer gehörigen Portion Argwohn beäugen können. Wenn sie es überhaupt begreifen und nicht nur finden, dass jemand »komisch« wird, weil er oder sie sich nicht mehr in den alten Bahnen bewegen will oder kann. Nicht alle finden Weiterentwicklung positiv. Erst recht nicht, wenn das Ganze asynchron passiert und man auf irgendwelchen Ebenen nicht mehr gemeinsam weitermachen kann. Auch bei scheinbar banalen Dingen, die man mal miteinander geteilt hat.

So konnte ich irgendwann nicht mehr mit meiner besten Freundin Lachs an Blattspinat essen. Oder Lachs mit Meerrettichkruste. Mit diesem lustigen Bekochungsritual war Schluss, und es entstand erst mal eine Leerstelle. Aber als es irgendwann unsere Angewohnheit wurde, gemeinsam in einem vegetarischen Imbiss vegane Burger und Gyros zu essen, war die Welt wieder in Ordnung. Ganz neue Seiten taten sich auf. Und mittlerweile sind wir beide Vegetarierinnen und freuen uns tierisch, wenn wir neue Köstlichkeiten entdecken, mit denen wir unsere Gourmet-Gaumen verwöhnen können. Und dass dafür kein Wesen sein Leben lassen muss, steigert den Genuss ungemein. Was wir auf der nächsten Stufe essen werden, ist eigentlich eine ganz spannende Frage.

Schwierigkeiten, Niederlagen und Krisen bekommt jeder von uns auf seinem Lebensweg serviert. Ich sehe sie als Trainingseinheiten, die mir helfen, innerlich zu wachsen. Denn meistens erkenne ich im Nachhinein, dass ich damit stärker, klarer und reifer geworden bin.«

NINA RUGE IN DER ZEITSCHRIFT ›ALVERDE‹, 7/2008

KAPITEL 9

REISEN & ABENTEUER

»Auf einmal in einem ganzen Wirbel drin
von Aventüren. Ach, wie ist es gut,
wenn einem der moralische Halt
so gänzlich fehlt.«

FRANZISKA ZU REVENTLOW IN ›TAGEBÜCHER‹

Grund Nr. 89

Weil die beste Freundin dich einsammelt, wenn sie an den Strand fährt

Mit wem teilt man wohl seine schönsten Erlebnisse? Die Konzerttickets, die man gewonnen oder geschenkt bekommen hat? Die Gästelistenplätze für Clubs und Veranstaltungen und die Freikarten ins tropische Badeparadies? Wen packt man ein, wenn man etwas Tolles erleben will? Wenn man keinen Partner hat, dann auf jeden Fall die beste Freundin! Und selbst wenn man einen hat, schaufelt man sich immer noch Zeit frei und teilt, so viel man kann, mit der Person, mit der man eigentlich immer und überall Spaß haben kann. Und mit der es im Allgemeinen sehr viel weniger Stress gibt als in der Beziehung.

Als meine beste Freundin einmal zu ihrem Geburtstag Tickets für ein Konzert von Tracy Chapman geschenkt bekam, hat sie nicht ihren Boyfriend zu einem romantischen Abend entführt, sondern ganz aufgeregt mich angerufen und sofort dazu eingeladen. Ich hab mich dann mit Tickets für Tanya Stephens revanchiert, und zum nächsten Konzert wurden wir von vornherein gemeinsam eingeladen. Das passiert uns natürlich häufiger, weil ja jeder Veranstalter oder Künstler froh über gute Laune und gute Vibes im Doppelpack ist. Die bringen wir ja schließlich immer mit, wenn wir uns zusammen aufmachen, um die Welt mit unserem Charme und unserer übersprudelnden Lebensfreude zu erobern.

Wenn sie einen Strandausflug plant, zu einem Konzert gehen will oder auch ins Theater oder zu einer spannenden Lesung, dann bin ich natürlich die Erste, die mit eingepackt wird. Und auch wenn ich es vollkommen verstehen könnte, wenn sie sich mal mit ihrem Partner zurückziehen würde, macht sie mir immer wieder eine große Freude und zeigt mir deutlich, wer in ihrem Leben eine bedeutende Rolle spielt: ich! Natürlich kann es sein, dass wir einfach noch nicht die richtigen Partner gefunden haben, die wir dann wahrscheinlich auch gerne freiwillig vor unsere besten Freundinnen stellen würden. Aber ich finde die Situation sehr erfreulich und kann sie gerne noch für eine ganze Weile genießen. Und irgendwann gehen wir vielleicht auch einfach *alle* zusammen.

»Großzügigkeit ist das Wesen der Freundschaft.«
OSCAR WILDE IN ›DER ERGEBENE FREUND‹

Grund Nr. 90

Weil die beste Freundin auch keinen Bock auf Campen hat

Manchmal lässt sich das Zusammengehörigkeitsgefühl ja auch einfach auf der Basis einer gemeinsamen Ablehnung von irgendwas oder irgendwem aufbauen. Ich zum Beispiel habe absolut keinen Bock auf Camping. Ich bin zu gerne in der Nähe von funktionierenden Toiletten, Duschen und habe allzu gern das Gefühl, dass es zumindest die Möglichkeit gibt, mich irgendwo ins Internet einzuklinken. Auch wenn ich die Natur liebe und Strände und Wasserfälle für die größten Paradiese halte, ziehe ich mich am Ende des Tages gern in ein festes Gebäude zurück und verkrieche mich unter einer kuscheligen Decke und beschalle mich mit meiner Lieblingsmusik. Oder nehme ein entspannendes Schaumbad.

Auch bei meiner letzten – wirklich großartigen – Erfahrung beim gemütlichen Übernachten in einem Zelt (wir schliefen auf ergonomischen Airbeds und hatten drinnen einen Holzofen, auf dem ein Teekessel bereit stand) war ich froh, als es damit vorbei war. Natürlich würde ich nicht ausflippen, wenn sich so eine Situation aus unerfindlichen Gründen einmal wieder ergeben würde, aber ich würde jedenfalls niemals einen Camping-Urlaub planen. Dreckige Sammelduschen, zu denen man durch Matsch waten muss? Nein, das ist wirklich nicht meine Idee von Entspannung. Auch der Gedanke, all meinen Kram den ganzen Tag mit mir rumzuschleppen, erscheint mir nicht besonders attraktiv. Und das, obwohl ich gerne mit kleinem Gepäck und unklarem Ausgang Flugtickets an mir bis dahin unbekannte Orte buche. Aber dann lieg ich immer noch tausendmal lieber auf einem zu kurzen Sofa in einer Achter-Wohngemeinschaft, als abends mein Zelt aufzubauen und mich in einem ollen Schlafsack selbst zu mumifizieren.

Zum Glück steht Campen nicht auf der Liste der Aktivitäten, zu denen ich oft eingeladen werde. Ich habe mir nämlich ein Umfeld geschaffen, in dem man ähnliche Vorstellungen hat und solche Ideen gar nicht erst aufkommen. Und so muss ich über solche Dinge gar nicht erst diskutieren. Ganz besonders nicht mit meiner besten Freundin. Wir sind uns darin einig, dass ein Spaziergang in der Sonne wunderbar ist, wenn man danach duschen kann. Als sie mal so einen Survival-Freak als Partner hatte, wusste sie auch, dass ich keine geeignete Verstärkung wäre, falls er sie zu einer Outdoor-Tour überreden wollte. Also schickte sie ihn alleine weg, und wir ließen es uns in der schönsten Stadt der Welt gut gehen. Da, wo es saubere Toiletten und Mülleimer gibt.

Nicht, dass da ein falscher Eindruck entsteht – wir sind ganz sicher keine Barbie-Puppen und packen ganz gerne richtig an (können auch eigenständig IKEA-Möbel aufbauen und alles ganz alleine erledigen) –, aber manche Dinge machen eben mehr Spaß als andere. Ein Wellness-Wochenende macht zum Beispiel mehr Spaß als ein Zelturlaub. Finde ich. Und das findet auch meine beste Freundin.

»Camping ist der Zustand,
seine eigene Verwahrlosung
als Erholung zu bezeichnen.«
FRANK-MARKUS BARWASSER,
AUS DEM ALBUM ›LIVE – DIE ERSTE!‹

Grund Nr. 91

Weil die beste Freundin mit dir eine geile Zeit beim Festival hat, wenn dein Typ einen Rückzieher macht

Manchmal macht frau den Fehler, für und mit einem Mann etwas Romantisches zu planen. Das ist natürlich nicht grundsätzlich falsch, sondern nur dann, wenn er sich dieser liebevollen Aktion nicht als würdig erweist. Manchmal zeigt sich das alles – beziehungsweise er – genau dann als Fehler, wenn er spontan einen Rückzieher macht, sich von Anfang an nicht fürs Mitmachen entscheiden kann oder man kurz vorher selbst bemerkt, dass er die Mühe sowieso gar nicht wert ist. Das alles kann für eine Frau natürlich genauso gelten – lesbische Beziehungen laufen ja mitunter auch nicht stressfreier ab als die heterosexuellen.

Wenn so etwas passiert, ist es an der Zeit, sich auf die positiven Aspekte und die anderen offenen Möglichkeiten zu konzentrieren. Also ist nicht Rumheulen angesagt, sondern der wunderbare Plan B, der jederzeit in Kraft treten kann. Und dieser Plan B erweist sich dann vielleicht sogar als die einzig richtige Option, die womöglich sogar schon vorab die bessere Wahl gewesen wäre: Die romantisch geplante Aktion wird einfach mit der besten Freundin genossen. Und das werden dann oft die besten Erlebnisse überhaupt.

Mich ließ schon mal ein ehemaliger Partner hängen, als es um ein großartiges Soul-Festival am Ostseestrand ging. Kurzerhand sprang dann meine wunderbare beste Freundin ein, und wir hatten den Spaß unseres Lebens, als wir am Strand frühstückten und dabei den alten Herren von The Temptations zuwinkten, die uns schon auf der Bühne bestens unterhalten hatten. Und da wussten wir: Im nächsten Jahr machen wir das wieder! Und die Prinzen beziehen wir gar nicht erst in die Planungen ein. Denn so schön würde es mit den Jungs niemals werden. Und ein kleiner Flirt war auf diese Art natürlich auch noch drin. Mit den Opis von den Temptations. Und den Soul-Omi-Queens, die uns mit ihren Power-Stimmen fast vom Boden gefegt hatten. Hätten wir das durch Geknutsche, Beziehungsgespräche und Kondompannen verpasst, hätten wir uns hinterher auf jeden Fall ganz schön geärgert. Haben wir aber nicht. Das passierte mir erst im Folgejahr, als ich es doch noch einmal mit einem Partner versucht habe.

Im nächsten Jahr kommt auf jeden Fall wieder meine beste Freundin mit. Alles andere macht ja gar keinen Sinn. Und ich freu mich drauf!

»Auch der beste Plan ist scheiße,
wenn man einen falschen hat.«

D-Flame in ›Wo ein Wille ist, ist auch ein Weg‹

Grund Nr. 92

Weil Urlaub mit der besten Freundin mehr Spaß macht als die Flitterwochen

Keine Ahnung, warum Pärchen-Urlaube oft so stressig sind. Wahrscheinlich, weil so oft Menschen zu Paaren werden, die sich ohne Leidenschaft und sexuelle Anziehung niemals miteinander befreunden würden. Ganz im Gegenteil dazu hatte ich immer Freundinnen, die genau die gleichen Vorstellungen von Urlaub hatten und mit denen man keine schwierigen Kompromisse verhandeln musste. Oder wo irgendwer wegen unerfüllter Erwartungen eingeschnappt war. Wir mussten vorab gar nicht erst klären, dass wir beide zwischendurch auch mal Rückzugsphasen brauchen, dass wir keinen Touri-Urlaub machen wollten, dass die Reise nicht in Stress ausarten sollte.

Wir besuchen also Verwandte und Freunde an tollen Orten dieser Welt, ohne vorab große Pläne zu machen oder so entsetzliche Dinge zu tun, wie Reise- oder Hotelführer zu lesen. In meinem Leben waren die männlichen Reisebegleiter dagegen immer sehr kompliziert und konnten mit meiner Art zu reisen, nämlich einfach einen Flug zu buchen und dann vor Ort zu sehen, was passiert, nur herzlich wenig anfangen. Selbst die coolsten HipHopper aus meiner Beziehungshistorie wollten schon vorab ihren Mietwagen buchen und klären, wo sie telefonisch erreichbar sein würden und ins Internet gehen konnten oder wo es wohl eine angemessene Nahrungsquelle gab. Meine einzige Reiseversicherung ist dagegen immer nur meine Kreditkarte. Ansonsten verlasse ich mich voll auf mein Gespür und mein Lächeln. Denn nur so erlebt man Abenteuer. Im Cluburlaub in Ägypten zu schnorcheln und auf einem

Kamel zu reiten mag zwar schöne Fotos ergeben, aber letztlich sind das ja nur unbedeutende Gimmicks, die man hinterher zwar vorzeigen kann, die aber fürs weitere Leben nicht wirklich eine Bedeutung haben.

Die Begegnungen, die sich nur ergeben, wenn man sich nicht unter Touristen aufhält, sind dagegen unbezahlbar und wahnsinnig lehrreich. Noch lehrreicher ist es, wenn man an fremden Orten komplett mit sich alleine ist. Mit meiner besten Freundin fühle ich mich aber so frei und so echt und kann so authentisch sein, dass ich genauso gut alleine sein könnte. Deswegen stimme ich ihr immer sofort zu, wenn sie einen Trip vorschlägt. Und dann hoffe ich, dass auf meiner Kreditkarte genug Verfügungsrahmen ist, um den Flug auch bezahlen zu können …

»Mein Geld ist weg,
deswegen bleib ich wie immer hier,
doch dank des Treibhauseffekts
kommt jetzt der Sommer zu mir.«
I-FIRE IN ›FERIEN ZU HAUS‹

Grund Nr. 93

Weil die beste Freundin im Urlaub peinliche Fotos von dir macht, sie aber niemandem zeigt

Manche Leute finden es ja wahnsinnig spannend und lustig, andere in peinlichen Situationen zu fotografieren. Ich nicht unbedingt. Deswegen könnte ich auch ausflippen, wenn mich jemand schlafend, durch die Toilettentür oder volltrunken ablichten will. Da fällt dann sogar mir das Lächeln aus dem Gesicht, und das will schon was heißen.

Meine beste Freundin hat leider auch Spaß an witzigen Schnappschüssen. Aber sie darf das auch. Die macht das ja nicht, wenn ich auf dem Klo sitze. Aber auch in Situationen, wenn wir am Strand rumeiern und uns so zeigen, wie man es eben nur macht, wenn man sich unbeobachtet und frei fühlt, stört mich ihr Geknipse herzlich wenig. Ganz einfach, weil sie mein volles Vertrauen hat. Die Bilder landen weder bei *Facebook* oder *TwitPic*, noch werden sie bei irgendwelchen Partys als lustiges Highlight vorgeführt. Und sie wird jedem Angebot widerstehen, es an ein lustiges Klatschblatt zu verkaufen, wenn mal richtig heftiges Interesse bestehen sollte. Das weiß ich. So sehr vertraue ich ihr. Ohne dass ich das noch mal mit ihr klären müsste.

Andere meiner Freunde werden ja mittlerweile bei den normalsten Aktionen von »Leserreportern« großer Tageszeitungen abgelichtet und müssen dann absurde Mediengeschichten über sich ertragen, während ihre Cellulite, ihre vermeintlichen Bettpartner und Beziehungsstreitigkeiten analysiert werden. Vor diesen seltsamen Leuten mit den vielen Megapixeln ist natürlich keiner so richtig gefeit. Ich hoffe aber, dass man sie verklagen und dann für lange, lange Zeit einsperren kann, weil sie das Leben von Menschen, die auch nur ein kleines bisschen in der Öffentlichkeit stehen, wirklich unerträglich unfrei machen und eine Menge Unheil anrichten können.

Doch es ist für jeden von uns ein wunderbarer Luxus, einige Menschen um sich zu wissen, mit denen man sich komplett frei bewegen und zeigen kann. Ganz unabhängig davon, wie viel Interesse Boulevard-Medien gerade an einem haben. Es müssen ja noch nicht einmal die großen Medien sein, in denen man sich richtig blamieren kann. Es reicht ja auch schon, wenn ein gemeines Bild bei einem der *VZ*s oder bei *MySpace* landet. Ähnlich verheerend wie eine Meldung in *Bild*, kann auch das eine Menge auslösen. Eine Menge Peinlichkeit zum Beispiel. Und einen großen Kratzer im Lack des eigenen Rufs. Wenn man denn einen zu verlieren hat.

»Alle elementare Komik gründet sich darauf,
dass der Mensch in einer lächerlichen
und peinlichen Lage handeln muss.«
Charles Chaplin in ›Die Wurzeln meiner Komik‹

Grund Nr. 94

Weil die beste Freundin dir Urlaubskarten schickt

Wer schickt eigentlich noch echte Briefe? Postkarten? Gibt es das überhaupt noch? Wo man doch von unterwegs skypen kann oder mal schnell eine SMS loswerden oder – wenn man es ganz dicke hat und Roaming-Gebühren nicht scheut – gleich einen Schnappschuss per MMS schickt. Wenn nicht sowieso der ganze Trip fast in Echtzeit bei *Facebook* veröffentlicht oder getwittert und getwitpict wird. Klar, das ist ja alles so wunderbar easy, und man erreicht alle sofort und auf einen Streich. Und wenn man dabei einen konkreten Namen (bei *Twitter* also zum Beispiel @elbpoet) einfügt, dann fühlt sich der »elbpoet« durch diese paar Buchstaben schon total geehrt. Und der kann dann auch noch sofort darauf reagieren und eine kleine Nachricht an dich schicken.

Keine Frage, das alles sind tolle Möglichkeiten. Schöne neue, total technisierte Welt! Das schreibt gerade eine, die auch online lebt und nur in wenigen *social networks* nicht vertreten ist. Selbst Rechnungen und Kontoauszüge kommen ja fast nur noch online. Und die Steuererklärung verlässt mein Haus auch ungedruckt. Aber wenn ich meinen kackbraunen Metallbriefkasten öffne und nicht nur von Behördenbescheiden als einzigem papiernen Überbleibsel der Digitalisierungswut (Gibt es eigentlich noch Landkarten auf Papier?) erwartet, sondern von einem kleinen Stück Pappe überrascht werde, das bei Unaufmerksamkeit leicht mit dem Stapel bunter Werbeprospekte, die trotz »Keine Werbung«-Aufkleber alle den Weg in meinen schicken Briefkasten finden, in dem Pappkarton unter den Briefkästen landen könnte. Doch dann erkenne ich: Nein, die Handschrift ist nicht aufgedruckt, es ist auch keine »Gewinnbenachrichtigung«, es ist tatsächlich Post, und sie ist tatsächlich für mich (und nicht »An alle Bewohner des Hauses ...«) – eine echte Postkarte! Eine Karte, die tatsächlich in ihrer ganzen Schönheit an dem Ort war, an dem sie losgeschickt wurde, von einem besonderen Menschen für einen besonderen Menschen ausgesucht und mit einer ehrlichen, nur für mich verfassten Nachricht beschrieben. Was für ein Luxus! Am Ende schreibt mir meine beste Freundin meistens so etwas wie: »Ich danke dir für deine Freundschaft« oder »Ich bin so froh, dass wir uns begegnet sind«.

Das bin ich auch, meine Liebe, und nicht nur, weil du fast die Einzige bist, die mir Postkarten schickt!

»Reichtum und Schnelligkeit ist, was die Welt bewundert und wonach jeder strebt, Eisenbahnen, Schnellposten, Dampfschiffe und alle möglichen Fazilitäten der Kommunikation sind es, worauf die gebildete Welt ausgeht, sich zu überbieten, zu überbilden und dadurch in der Mittelmäßigkeit zu verharren.«

JOHANN WOLFGANG VON GOETHE
IN ›BRIEF AN CARL FRIEDRICH ZELTER‹, 6. JUNI 1825

Grund Nr. 95

Weil die beste Freundin Ausreden nicht gelten lässt

Deine beste Freundin kennt dich so gut, dass du ihr einfach nichts vormachen kannst. Ganz egal, was du vielleicht ausprobierst. Und wenn du dich in deinem Leben selbst blockierst und versuchst, das mit einer fadenscheinigen Begründung vor dir selbst und ihr zu rechtfertigen, sieht sie dir das sofort an. Sie ist wie Gott oder Allah, du kannst sie einfach nicht belügen, weil sie sowieso weiß, was mit dir los ist. Und das sagt sie dir auch in all der gebotenen Deutlichkeit, die natürlich nicht immer besonders angenehm ist.

Diesen Fakt kannst du positiv oder negativ betrachten, ganz deiner Grundeinstellung entsprechend. Eine Pessimistin würde vielleicht sagen: »Sie ist so anstrengend« oder: »Sie versteht mich nicht« oder: »Sie sieht alles immer so ernst!«. Eine Optimistin und Realistin wie ich wird sich allerdings denken, dass sie hier wohl eine Lektion zu akzeptieren hat. Dass ihre beste Freundin es ihr nicht schwer macht, weil sie ihr etwas Böses antun will, sondern ganz im Gegenteil. Sie ist sich darüber bewusst, dass die Dinge, über die sich ihre Freundin ärgert, ihr letztlich nur deswegen auffallen, weil sie genau diese an sich selbst auch nicht mag. Also hält sie es aus und denkt über das nach, was ihr da so unsanft ins Gesicht gesagt wird. Und bäumt sich vielleicht noch einmal mit einer letzten Ausrede dagegen auf, die eine gute Freundin natürlich wiederum sofort durchschaut.

Wenn ich ihr also erzähle, dass ich mit einer bestimmten Person lediglich befreundet bin und es ganz sicher auch in Zukunft genauso platonisch halten will, spürt sie sofort, wenn ich ihr da nur was vormachen will. Auch wenn mir das selbst noch gar nicht mal bewusst ist. Wie gesagt, sie ist wie Gott oder Allah, da macht Lügen einfach keinen Sinn … Sie lässt deine Ausreden nicht gelten, und das ist auch gut so.

»Man will zwar andere durchschauen,
aber nicht selbst durchschaut werden.«
FRANÇOIS DE LA ROCHEFOUCAULD
IN ›UNTERDRÜCKTE MAXIMEN‹

Grund Nr. 96

Weil die beste Freundin dich mit einer Rose am Flughafen abholt

Reisen sind ja an sich eine ganz schöne Sache, aber mit der Menge der Unternehmungen nehmen Reiz und Spannung allmählich ab. Und Flughäfen empfindet man dann irgendwann nicht mehr als belebt und aufregend, sondern als nervig sterile und überteuerte Zwischenstationen, an denen man viel zu viel Zeit nutzlos verbringen muss. Doch egal, wie oft ich fliege – und manchmal ist es wirklich extrem viel –, wenn ich die Tür hinter der Gepäckausgabe öffne und unter den erwartungsvollen Menschen keinen sehe, der für mich gekommen ist, habe ich immer einen kurzen traurigen Moment. Sogar dann, wenn ich noch am selben Tag nach einem 50-Minuten-Flug aus Frankfurt nach Hamburg zurückkomme. Doch dann rolle ich mit meinem Köfferchen an den Leuten vorbei und mache mich auf den Weg zur S-Bahn. Höre ein nettes Lied auf meinem I-Pod und freue mich darüber, dass die Bahn mich, ohne dass ich umsteigen muss, bis nach Hause bringt.

Aber wenn ich von einer großen Reise zurückkomme, holt mich immer jemand ab. Und manchmal steht sie da und hat ein strahlendes Lächeln im Gesicht und eine Blume in der Hand. So sehe ich uns auch jetzt vor meinem inneren Auge: Sie mit einer roten Hose an den Beinen und einer roten Blume in der Hand. Ich, komplett kaputt, zurück von meinem US-Aufenthalt nach einem langen Flug mit Zwischenstopp. Mein damaliger Boyfriend war auch am Start. Mit ihm habe ich dann den Rest des Tages verbracht, während meine beste Freundin ohne ihre Blume wieder abgetaucht ist. Wäre ich damals schon ehrlicher zu mir selbst gewesen und hätte mir eingestanden, dass der Typ es nicht wert war, hätte ich mich natürlich anders entschieden und wäre gleich mit ihr verschwunden. Aber aus solchen Dingen lernt man ja bekanntlich erst mit der Zeit. Und ich hab schon damals bewundert, dass sie gekommen ist – zu dieser Zeit noch ohne direkte Bahnverbindung –, obwohl sie wusste, dass ich erst mal mit diesem Lackaffen abziehen würde.

Neuerdings bringt sie mich manchmal sogar *zum* Flughafen. Beim letzten Mal haben wir in der Bahn gemeinsam I-Fire auf meinem I-Pod gehört und bei *Ferien zu Haus* laut mitgesungen. Und ich war und bin glücklich darüber, dass ich mit ihr solche Momente teilen kann, in denen wir einfach nur ausgelassen sind und uns nicht darum kümmern, ob andere uns für komplett verrückt halten. Zumindest in meinem Fall machen die Leute das ja sowieso schon oft genug. Und sie steht mir da eigentlich auch in nichts nach.

Heutzutage verabschieden wir uns aber auch schon immer ernsthaft, weil wir uns beide bewusst darüber sind, dass das Leben sehr kurz ist und jede Reise alles verändern kann. Ich erinnere sie dann noch einmal daran, wo mein Testament liegt und dass meine Asche in den Atlantik gehört. Weiß sie natürlich alles, aber mit solchen Ritualen fühlt man sich gleich viel besser aufgehoben. Und ein kleines bisschen sicherer, während man die großen Wasser überquert.

»Einem Menschen, der viel Liebe gibt, wenden sich auch die Tiere zu; selbst die Blumen scheinen ihm zu folgen, wenn er an ihnen vorübergeht, sie scheinen seine Liebe zu erkennen und zu erwidern. Liebe kann sich ausdehnen, sie kann das ganze Universum umfassen. Sie kann heilen.«

BEAR HEART IN ›DER WIND IST MEINE MUTTER‹

Grund Nr. 97

Weil die beste Freundin mit dir Sandburgen baut

Wenn die Kindheit offiziell vorbei ist, scheint man eine Menge Dinge, die richtig viel Spaß machen, plötzlich nicht mehr tun zu dürfen. Weil es sich für Erwachsene angeblich nicht gehört. Scheint so, als ob in unserer Gesellschaft nur Kinder ausgelassen sein und Spaß haben dürften. Jedenfalls abseits von Gruppenbesäufnissen auf Betriebsfesten.

Ich sehe das allerdings ganz anders. Ich will so viel Spaß wie möglich haben und gehe ganz fest davon aus, dass wir das eigentlich alle wollen. Bis ins höchste Alter. Jesus war da übrigens auch ganz meiner Meinung, und der dickbäuchige lachende Buddha verhält sich ebenfalls ziemlich eindeutig dazu, insofern bin ich ganz offensichtlich nicht in allzu schlechter Gesellschaft. Und meine beste Freundin gehört auch zum erlauchten Kreis derer, die wissen, dass Spaß nichts Schlechtes ist. Wir kosten die lustigen Momente voll aus. Wenn es uns packt, basteln wir Collagen, misshandeln Knetmasse und machen Schnee-Engel mit vollem Körpereinsatz. Wir halten uns da an keine Altersbegrenzung. Und je mehr wir mit und ohne triftige Gründe lachen, desto besser. Einer ihrer Lieblingsgründe, um laut loszuprusten, ist mein Niesen – da kann sie sich einfach nicht zusammenreißen. Und sonst auch nicht. Ob es sich nun gehört oder nicht, wir machen, was sich nett anfühlt, und fahren damit ziemlich gut.

Ich spüre zum Beispiel kaum etwas lieber als meine nackten Füße im Sand – also verschwinden meine Schuhe, sobald Sand da ist, unabhängig von Jahreszeit und anderen Angemessenheitsfaktoren. Deswegen brauche ich früher oder später auch dringend einen Wohnsitz am Meer, das ist das ganz große Ziel. Aber Sandburgen baue ich auch jetzt schon gerne. Alleine macht das nicht wirklich so viel Spaß, wie eigentlich die meisten schönen Dinge. Wir Menschen sind ja schließlich Rudeltiere und teilen all unsere Erfahrungen gerne mit anderen. Und nach dem Sandburgenbau verhalten sich meine beste Freundin und ich nicht gerade geschlechtertypisch: Wir machen nämlich die lustigen, sorgfältig kreierten Dinger hinterher auch wieder ganz ausgiebig platt. Und das bringt fast noch mehr Spaß als das Bauen. Eigentlich hatten die Jungs das schon im Kindergarten ganz gut raus. Das kann man ihnen auch mal zugestehen. Hätte ich das damals schon gewusst und meine Wut an Bauklötzen ausgelassen, hätte ich mir bestimmt den einen oder anderen Umweg erspart. Aber zum Glück wissen wir ja jetzt Bescheid und bauen einfach immer wieder neu.

»Du hast deine Kindheit vergessen,
aus den Tiefen deiner Seele wirbt sie um dich.
Sie wird dich so lange leiden machen,
bis du sie erhörst.«

Hermann Hesse in ›Narziss und Goldmund‹

Grund Nr. 98

Weil die beste Freundin auch im Großstadt-Beachclub für Urlaubsgefühle sorgt

Mit den richtigen Leuten ist eigentlich immer Sommer. Gerade in oft so unsommerlichen Städten wie Hamburg muss man sich also um die passende Gesellschaft kümmern. Dann hat man immer Strand, immer einen Anlass für einen Caipi und immer wieder Sonntag. Die profansten Orte verwandeln sich in wunderbare Oasen. Mit meiner besten Freundin kann ich sogar mitten in der dicht besiedelten Schanze im wasserlosen Beach-Club »Central-Park« sitzen und so tun, als wär der Lärm der vorbeifahrenden S-Bahn wildes Meeresrauschen. Selbst wenn es regnet, sitzen wir tapfer draußen und versetzen uns einfach gedanklich in die Karibik. Wenn ich richtig fröhlich bin, zieh ich sogar meine Schuhe aus, um Sand an meinen Füßen zu spüren. Und wenn es warm ist, gibt es vollen Strandeinsatz im Bikini, Sonnenbaden auf Liegestühlen und 'nen kühlen Drink. Im Hintergrund läuft so angenehme Beach-Mucke. Da kann man schon Urlaubsgefühle entwickeln und sich vielleicht sogar auf einen kleinen Flirt einlassen. Geht ja alles klar, ist ja Urlaub.

Mit einer früheren besten Freundin ging das auch an der Alster. Damals war ich neu in Hamburg und wusste noch nicht, was sich im vornehmen Uhlenhorst gehörte. Darum saßen wir bald bei Bellevue am See oben ohne und ernteten pikierte Blicke von den uns umgebenden Blondinen. Aber wir waren ja zu zweit, so erträgt man schließlich jede Situation. Oder amüsiert sich einfach köstlich über die Bestürzung der anderen. Meine Freundin hat es dann noch auf die Spitze getrieben, indem sie rumlief und die brav Bekleideten um uns herum um Feuer bat. Ein junger Mann hat es ihr dann mit zittrigen Fingern gegeben, und wir haben uns später über die spürbare Anspannung totgelacht. Auch wenn ich mich nicht noch einmal oben ohne an der Alster sonnen würde, möchte ich diese Erfahrung auf keinen Fall missen. Ich hätte das nie getan, wenn meine Freundin mich nicht herausgefordert hätte. Jetzt haben wir eben eine Geschichte mehr, an die wir uns belustigt erinnern können. Und das ist es ja, was bleibt, wenn man sich später nicht mehr nackt in die Öffentlichkeit wagen kann oder will. Ach, früher …

»Alles, was wir sehen oder scheinen,
ist es nichts anderes
als ein Traum in einem Traum?«
EDGAR ALLAN POE IN ›A DREAM WITHIN A DREAM‹

Grund Nr. 99

Weil die beste Freundin irgendwann mal mit dir in die Karibik ziehen will

Glücklicherweise teile ich mit einigen meiner besten Freundinnen Träume von einem Leben direkt am Strand, unter Palmen und mit Mangobäumen um das eigene Haus herum. Und wenn wir zusammensitzen, Cuba Libre, Mudslides oder Swimming Pools süffeln und uns das perfekte Leben ausmalen, während irgendwer Würstchen an Elb- oder Ostseestrand auf den Grill wirft, dann machen wir ganz große Pläne. Und sind uns total sicher, dass wir demnächst alle unsere Koffer packen und nach La Réunion oder nach Trinidad auswandern werden. Alles, was wir brauchen, ist ja schließlich ein Internet-Anschluss, damit wir weiter unser Geld verdienen können. Und dann kann es losgehen, so denken wir es uns. Das machen wir ganz bestimmt, wenn wir erst mal unseren Abend hinter uns gebracht haben! Und den Kater ausgeschlafen haben. Und noch ein paar Sachen erledigt haben. Und wenn wir uns darüber im Klaren sind, ob wir mit dem aktuellen Typen zusammenbleiben wollen und er also mitkommen muss. Und wenn wir die Jobsituation geklärt haben.

Vielleicht aber doch erst, wenn wir in Frührente gehen? Kann ja auch nicht mehr so lange dauern … Vielleicht machen wir doch erst mal einen Urlaub und finden heraus, welcher Ort der richtige ist? Nachdem wir das mit dem geplanten Pärchenurlaub endlich erledigt haben, natürlich. Und sobald wir dann wieder genug Kohle übrig haben. Und genug Zeit, das muss sich ja auch alles lohnen. Und dann müssten wir uns auch überlegen, ob wir mit den Typen, die wir gerade haben, zusammenbleiben wollen und, falls ja, ob wir sie mitnehmen müssen oder wollen. Und ob uns dabei nicht ein wichtiger Job durch die Lappen geht. Oder eine andere große Chance, die sich womöglich bald in Deutschland auftut. Und wir müssen herausfinden, wann es die günstigsten Flüge gibt. Und wann Regenzeit ist. Und wie wir das mit unseren Familienmitgliedern anstellen. Und ...

Aber wenn irgendwann mal alles passt, dann ziehen wir alle zusammen in die Karibik, ganz bestimmt!

»Während wir alle von einer Insel
in der Südsee träumen,
von der Rückkehr ins Paradies,
sieht die Wirklichkeit ganz anders aus.«

ERNEST DICHTER IN ›ÜBERZEUGEN, NICHT VERFÜHREN‹

Kapitel 10

INNERE & ÄUSSERE SCHÖNHEIT

»Frauen sind nur deshalb als Hexen verbrannt worden, weil sie schön waren.«

Simone de Beauvoir
in ›Das andere Geschlecht‹

Grund Nr. 100

Weil die beste Freundin auch alle peinlichen Modesünden mitgemacht hat

Es ist nicht nur so, dass wir alle eine Vergangenheit von Take That- oder NKOTB-Phasen hatten und uns heute sicherlich nicht mehr in diesem Kontext wiederfinden würden, wir haben auch alle seltsame Modetrends mitgemacht, über die wir heute gemeinsam lachen können.

Zum Glück gehörten meine besten Freundinnen und ich nicht zur Tattoo-Fraktion und müssen die Zeichen der juvenilen Zeiten jetzt auf ewig mit uns herumtragen. Aber ein paar durchlöcherte Stellen gibt es schon, zumindest bei mir. Das passierte wohl zur gleichen Zeit, als plötzlich knallbunte Lackteile in meinem Schrank landeten, in die ich meinen Körper bei irgendwelchen kranken Rave-Veranstaltungen eingepackt habe. Also zuckte mein Coffeintabletten-gequälter 15-jähriger Teenie-Körper zu monotonen Beats und Texten wie *Somewhere over the Rainbow* und brach irgendwann total erschöpft zusammen.

Zum Glück wurde ich irgendwann von HipHop und Reggae gerettet. Da geht es glücklicherweise weder so destruktiv noch so hässlich zur Sache, und jeder wird zur eigenen Kreativität herausgefordert. Und heute kann ich auch selbstbewusst zu diesen fiesen Ausfällen stehen. Manchmal braucht es eben seltsame Umwege, bis man an der richtigen Stelle ankommt. Und ich bin damit ja auch nicht alleine. Meine beste Freundin hat nämlich eine Vergangenheit, die mindestens genauso schlimm war wie meine. Sie hatte auch mal blau lackierte Fingernägel. Und wild bemalte Augenlider. Und mindestens so beschissene Frisuren wie ich. Nebst viel zu viel Make-up. Und viel zu knappe Klamotten. Stil ist schon was anderes, das kann man hinterher ruhig zugeben. Es war ja sowieso alles ein kollektives Erlebnis, auch wenn wir uns damals noch nicht kannten. Super, dass wir uns jetzt auch in puncto Klamotten weiterentwickelt haben. Ob wir auch irgendwann kopfschüttelnd auf unsere heutigen Outfits zurückschauen werden, wissen wir jetzt natürlich noch nicht. Ist jedenfalls nicht auszuschließen. Aber letztlich auch absolut nicht wichtig. Zum Glück. Denn jetzt finden wir unseren Style jedenfalls ziemlich cool.

»Die Dummheit kommt nie aus der Mode.
Sie lässt sich vom Zeitgeist
immer wieder neu einkleiden.«
ERNST FERSTL IN ›HEUT ZU TAGE‹

Grund Nr. 101

Weil du der besten Freundin mehr trauen kannst als jeder Expertin

Shopping ist ja manchmal eine schwierige Angelegenheit. Finde ich zumindest. Manchmal bin ich einfach verunsichert, ob mir etwas wirklich steht, ob ich mir einen bestimmten Schnitt, eine Größe oder einen besonders tiefen Ausschnitt leisten kann. Von den engen Jeans und dem kurzen Rock ganz zu schweigen. Da man ja noch nicht einmal den Spiegeln in Kleiderläden trauen kann, weil die oft so geformt sind, dass sie uns schlanker aussehen lassen, ist diese Entscheidung manchmal echt nicht einfach.

Ich vermisse die Zeiten, in denen ich früher mit meiner Oma in Läden einkaufen war, in denen man tatsächlich beraten wurde und auf Wunsch ein Teil in einer anderen Größe gebracht bekommen hat, wenn es nicht richtig saß. Entweder haben die Zeiten sich so sehr geändert, oder ich kaufe nur noch in servicefreien Läden ein, weil ich mir etwas anderes kaum leisten kann. Vielleicht trifft sogar beides zu. Im Normalfall ist es noch nicht einmal hilfreich, *wenn* eine Verkäuferin oder ein Verkäufer anwesend ist. Weil die nur wollen, dass man schnell viel kauft und sie möglichst nicht während ihrer Arbeitszeit belästigt. Daher haben sie weder Zeit noch Lust, einen bei der Verkaufsentscheidung zu beraten. Wozu die Leute eigentlich eine dreijährige Ausbildung absolvieren müssen, ist mir schleierhaft. Aber ich sorge einfach für anderweitige Unterstützung und nehme meine beste Freundin mit. Weil die mir die Wahrheit sagt. Wenn meine Schenkel in einem Outfit zu bombastisch zur Geltung kommen, wenn ein Teil zu sehr von meinem Intellekt ablenkt, oder wenn ich damit jeden Anwärter in die Flucht schlagen würde, wird sie es mir sagen. Und andere Stücke in meine Umkleide reichen, die ich mir wahrscheinlich alleine nie aussuchen und anprobieren würde. Und überraschend oft ist dann doch etwas dabei, das sich zu einem meiner Lieblingsteile entwickelt. Wie ein rosa Kleid, das sie mir vor Kurzem angedreht hat. Obwohl ich mein Leben lang Rosa, Pink und alles, was in diese Richtung geht, geradezu gehasst habe. Und bisher auch nur höchst selten in Kleidern aufgetaucht bin. Jetzt freue ich mich auf einen tollen Anlass für mein neues Kleid, in dem ich mich fühle wie eine Mischung aus Fee und Prinzessin. Vielleicht besorge ich mir dazu auch noch ein Diadem. Und wenn mich dann jemand in eine Zwangsjacke stecken will, schieb ich einfach alles auf sie. »Sie hat es mir befohlen«, werd ich sagen und mich mit Psychopharmaka vollpumpen lassen, bis ich nur noch wie eine Ballerina durch Zimmer mit gepolsterten Wänden tanze. Nackt. Und dann sieht sie, was sie davon hat!

»Wir sind arm, aber mit Geschmack.«

VOLTAIRE IN ›DER MANN MIT DEN VIERZIG TALERN‹

Grund Nr. 102

Weil die beste Freundin sich auch das 31. Outfit mit Interesse und Aufmerksamkeit ansieht, wenn ein wichtiges Date bevorsteht

Nicht nur beim Einkaufen braucht frau Unterstützung. Ganz besonders gefragt ist der hilfreiche Einsatz auch immer wieder, wenn ein wichtiges Date ansteht. Dann muss womöglich alles koordiniert werden, vom Slip bis zur Haarspange. Weil ja alle möglichen Ausgänge der Verabredung abgedeckt sein müssen. Man will sich ja nicht wie Bridget Jones mit einer riesigen Miederhose erwischen lassen. Und auch komplett angezogen will man sexy genug daherkommen, um ihm den Kopf zu verdrehen. Aber nicht so sexy, dass er die ganze Zeit nur daran denken und uns gar nicht zuhören kann. Und es darf dabei natürlich auf keinen Fall so unbequem sein, dass man unentspannt ist. Schuhe: sexy, aber stabil genug für alles, was an dem Abend – der sich vielleicht ja auch bis zum nächsten Nachmittag ausdehnt – passieren könnte. Und bequem genug, um diese ganzen Aktionen ohne große Schmerzen und unschöne Bewegungseinschränkungen zu überstehen. Aber total sexy, schon klar. So, dass die Beine schlank aussehen und der Gang in weiblicher Eleganz wippt und der Hintern vorteilhaft zur Geltung kommt.

Wenn es richtig wichtig ist, muss man oft viele Outfits austesten (zumindest ich lande dann am Ende aber oft wieder beim allerersten) und genau und von allen Seiten überprüfen. Meine beste Freundin steht mir bei diesen Aktionen immer wieder gerne bei. Sagt sie zumindest. Nicht nur beim Styling vor ganz besonderen Dates, sondern vor allem auch vor anderen wichtigen Terminen, die mit einer größeren Öffentlichkeit zu tun haben. Also bei Lesungen, Auftritten, Foto-Shootings und Video-Drehs. Da sitzt sie entspannt auf meinem Bett und lässt alles ganz in Ruhe über sich ergehen. Gibt Feedback zu jedem der Schuhpaare, die ich zu einem Hosenanzug anprobiere, den ich eigentlich sowieso nicht tragen will. Sie erträgt es superheldenhaft, wenn ich irgendwann schlechte Laune kriege, weil alles nicht so perfekt ist, wie ich es gerne hätte. Sie geht in die Küche und holt einen Drink, wenn es Zeit für eine Pause ist und eine kleine Aufheiterung gebraucht wird, damit keine von uns – also ich – schlechte Laune kriegt. Und am Ende, wenn sie mir sagt, dass ich ganz großartig aussehe, sind wir dann doch beide zufrieden. Und dann atme ich tief durch und mache mich auf, um die Welt zu erobern. Bald hab ich es geschafft!

»Wenn wir es recht überdenken,
so stecken wir doch alle
nackt in unseren Kleidern.«
Heinrich Heine in ›Reisebilder, Norderney‹

Grund Nr. 103

Weil die beste Freundin dir ihr Lieblings-Outfit ausleiht

In einem Notfall ist die beste Freundin immer zur Stelle, ist ja ganz klar. Auch wenn es ihr manchmal gar nicht so leichtfällt, weil es einfach gerade nicht passt. Sollte der Notfall darin bestehen, dass du dringend etwas brauchst, das ihr gehört und das sie selbst sehr schätzt, stellt sie dir auch das ganz selbstverständlich zur Verfügung. Wenn es denn unbedingt sein muss. Ihre Lieblingshandtasche, den schicken Ledergürtel, das tolle Top. Und natürlich das neueste Paar Schuhe, die so gut zu deinen Ohrringen passen würden. Wenn du der Meinung bist, dass du es brauchst, kriegst du eigentlich alles.

Weil sie weiß, dass du sorgsam mit ihren Sachen umgehst und ihr alles wieder zurückgibst. Ist ja Ehrensache. Außer, sie stellt fest, dass das verliehene Teil sowieso viel besser zu dir passt, und überlässt es dir kurzerhand. Auf diesem Weg fanden zwischen meiner besten Freundin und mir schon so einige Tauschaktionen statt. Ein schwarzer Ledergürtel, den sie mir mal lieh, blieb meinen dankbaren Hüften treu. Ein weißer Sommerrock von mir ward nie wieder gesehen, nachdem sie ihn mal dringend gebraucht hatte. Macht überhaupt nichts. Es ist ja nicht so, als hätte ich nicht noch mindestens zwei andere, die fast genauso aussehen. Das liegt an meiner komischen Neigung, mir immer wieder sehr ähnliche Klamotten zu kaufen, ohne es zu planen oder auch nur mitzubekommen. Zielsicher greife ich immer wieder nach dem Gleichen. Bei schwarzen Lederstiefeln zum Beispiel. Oder weißen ärmellosen Tops. Schwarzen ärmellosen Rollkragentops. Und bei lustigen Kleidern, die ich großartig finde, aber wahrscheinlich niemals tragen werde. Insofern merke ich da gar nicht immer, wenn mir etwas fehlt. Ich werde ja in Kürze sowieso wieder losgehen, um mir noch ein weiteres Mal fast genau das gleiche Teil zu kaufen. Zum Glück macht mich meine beste Freundin manchmal auf diese seltsame Angewohnheit aufmerksam und hält mich davon ab. Ist natürlich Pech für sie. Denn mein einziges Paar schwarzer Lederstiefel muss ich jetzt genauso bei mir behalten wie mein einziges weißes ärmelloses Top und mein einziges schwarzes ärmelloses Rollkragentop …

»Willst du etwas los sein,
leih es einem guten Freund!«
Plautus in ›Asinaria‹

Grund Nr. 104

Weil die beste Freundin genau weiß, dass sie dir mit einem Massage-Gutschein eine große Freude machen kann

Nur Frauen haben eine Ahnung davon, welchem Druck und wie viel Stress wir Frauen tagtäglich ausgesetzt sind. Wir Powerfrauen ganz besonders. Und zu dieser bewundernswerten Gruppe zähle ich die meisten, die ich kenne und schätze. Und manchmal wird das alles einfach ein bisschen zu viel. Weil uns aber meist gar nicht mehr selbst auffällt, dass wir bereits auf dem Zahnfleisch gehen, braucht es da einen ganz dezenten Hinweis. Manchmal einfach in Form eines Geschenks, das uns nicht sagt, sondern zeigt, was wir jetzt eigentlich brauchen: Entspannung, eine Pause, Zeit für uns selbst. Und so ein Geschenk kann es einem sehr erleichtern, sich auch mal wieder um sich selbst zu kümmern und sich eine kleine Auszeit zu gönnen.

Meine beste Freundin bekam mal von mir einen Gutschein für eine Ayurveda-Massage, die gemäß der Beschreibung in einem formschönen Hochglanz-Prospekt ihre weibliche Sinnlichkeit wecken sollte. Sie freute sich sehr darüber, wollte aber nicht alleine gehen, sondern verlangte energisch, dass ich mitkomme. Also habe ich mir auch gleich eine dieser Massagen geschenkt. Die erste war ja schon teuer genug, so dass es auf die zweite jetzt auch nicht mehr ankam.

Und dann dauerte es wunderbare 90 Minuten, bis wir beide engelsgleich aus diesem Raum geschwebt sind, nachdem wir mit warmem Öl übergossen, mit Pinseln gestreichelt, unter einem Seidentuch massiert und in den 77. Himmel befördert worden waren. Ich hatte sie nie so durch und durch entspannt und strahlend erlebt. Nicht mal, wenn sie nach einer tollen Nacht voller Orgasmen tänzelnd in einem Café aufgetaucht ist. Ich vermute, dass ich auch nicht sehr anders ausgesehen habe. Gefühlt habe ich mich jedenfalls so gut wie selten in meinem Leben. Das war viel besser als der beste Sex, gar keine Frage. Und dazu noch ohne jede Verpflichtung. Was könnte man (sich) Besseres (ver)schenken?

»Es ist schön,
den Augen dessen zu begegnen,
dem man soeben etwas geschenkt hat.«
JEAN DE LA BRUYÈRE IN ›DIE CHARAKTERE‹

Grund Nr. 105

Weil die beste Freundin findet, dass du besser aussiehst als Halle Berry

Mit einer echten besten Freundin gibt es keine Selbstzweifel. Die werden in Windeseile vertrieben und können höchstens für Sekundenbruchteile überleben. Warum? Weil sie weiß, dass du perfekt bist, und dir das versichert, wann immer es nötig ist. Weil sie dir immer wieder sagt, wie hübsch du aussiehst. Ach was, doch nicht hübsch, einfach wunderschön! Wie die Schönste aller Traumfrauen auf dieser Erde. Ach was, im ganzen Universum!

Und wenn du nicht gerade dabei bist, deine Komplexe vor ihr auszubreiten, sondern deine Optik nur ein bisschen relativierst, indem du dich von Supermodels und Beauty-Sternchen distanzierst, hat sie sofort einen Spruch parat und gibt dir zu verstehen, dass du diesen Plastik-Ladys in Wirklichkeit in absolut gar nichts nachstehst. Auch Halle Berry nicht. Ganz besonders Halle Berry nicht. Die hat ja längst nicht so geile Haare wie du. Und ihre Brüste sind auch verändert. Genau wie ihre Nase. Und wer weiß, was sonst noch alles. Hm, da muss ich ihr dann irgendwie recht geben. Denn mit ein paar Einsätzen plastischer Chirurgie könnte ich ja schließlich auch ein paar Schritte in Richtung vermeintlicher Perfektion machen. Kann ja eigentlich jede, wenn sie genug Geld investiert. Aber das will ich ja gar nicht. Außer in akuten Krisen. Weil ich so wunderbare Freunde habe, die mich genau so schätzen, wie ich bin. Allen voran meine wunderbare beste Freundin. Die mir zumindest sagt, dass sie mich wunderschön findet. Und ich sie auch. Denn auch ich schaue lieber in ein Gesicht, das ich seit Jahren kenne und immer mehr schätze, als in eine durch Chirurgie verzerrte Fratze, die mir fremd ist. Sogar Veneers machen mich schon nervös, weil die Leute plötzlich reden, als hätten sie ein Gebiss und denken, man würde ihre Verschönerungsaktion nicht bemerken. Doch ich schweife ab. Was ich eigentlich sagen wollte: Die wahre Schönheit kommt tatsächlich von innen. Und meine beste Freundin ist definitiv schöner als Halle Berry. Ich bin mir sicher, deine ist das auch, wenn du ganz ehrlich bist.

»Ach, heutzutage sind wir alle so verarmt,
dass das Einzige, was wir geben können,
Komplimente sind.«

Oscar Wilde in ›Lady Windermeres Fächer‹

Grund Nr. 106

Weil du dich mit der besten Freundin verkleiden kannst

Als kreativer Mensch muss ich meine Kreativität immer wieder auf die unterschiedlichsten Arten ausleben und habe dabei meistens auch ziemlich viel Spaß. Schreiben, Performen, Musikmachen, Malen, alles hat irgendwann seinen Raum. Was aber *richtig* befreiend ist und *richtig* viel Spaß macht, ist, in fremde Rollen und Klamotten zu schlüpfen. Dazu hat man als erwachsener Mensch, der nicht auf Theaterbühnen steht, ja leider nur sehr selten Gelegenheit. Und man möchte das ja nicht nur bei peinlichen Junggesellinnen-Abschieden oder zum Oktoberfest erleben. Ich zumindest kann auf beide Anlässe gerne komplett verzichten.

Aber ich kann nur empfehlen, sich selbst solche Möglichkeiten zu schaffen und sich einfach mal ein kleines bisschen zu verkleiden oder zu spielen. Nur so zum Spaß. Meine beste Freundin macht das zum Beispiel auch im Alltag und gibt sich in der Bahn einfach mal schwanger. Streckt ihren Bauch raus, streichelt ihn liebevoll und beobachtet, wie die anderen Menschen darauf reagieren. Scheint eine ganz interessante Erfahrung zu sein, sie wird plötzlich sehr zuvorkommend behandelt und erntet liebevoll aufmunternde Blicke.

Ich dagegen mache lieber das, was ich als kleines Mädchen verpasst habe, schnalle mir Flügel um und spiele entweder Engel oder Schmetterling oder irgendwas dazwischen. Das zwingt mich quasi dazu, enthemmt durch die Gegend zu hüpfen und mich über mich selbst kaputtzulachen. Ist zur allgemeinen Aufheiterung also nur zu empfehlen. Alternativ werfe ich mich in ein schickes, enges Krankenschwestern-

Outfit. In der freien Wildbahn geht so was leider nur zur Kostümparty, die ungefähr einmal im Jahr stattfindet. Deshalb muss man sich Gelegenheiten dazu schaffen. Meine beste Freundin und ich verkleiden uns nur mal so zum Spaß und machen lustige Fotos, die wir erst mal niemandem zeigen und vielleicht in ein paar Jahrzehnten meistbietend versteigern werden. Bis wir damit Geld verdienen, haben wir also einfach nur Spaß daran.

»Eines der wirksamsten Mittel bei der Hypnose – der äußeren Einwirkung auf den seelischen Zustand des Menschen – ist die Kostümierung. Die Menschen wissen das sehr gut. So erklärt sich das Mönchsgewand im Kloster und die Uniform beim Militär.«

Leo Tolstoi in ›Tagebücher, 1896‹

Grund Nr. 107

Weil die beste Freundin mit den Jahren um genauso viel altert wie du

Das Älterwerden ist eine Herausforderung, mit der wir alle konfrontiert werden, wenn wir Glück haben. Wenn wir Pech haben, kann uns das allerdings ganz schön belasten. Ist eben nicht immer in allen Facetten so angenehm. Also sollte man diese Aufgabe am besten in einem starken Team meistern, wobei man die Team-Mitglieder aber nicht allzu oft auswechseln sollte, sondern eher darauf achten, dass die Mannschaft im Kern beisammen bleibt. Manche kann man ja zwischendurch auf der Ersatzbank parken. Hauptsache, sie bleiben beisammen. Dann werden nämlich auch alle gleichzeitig älter. Und wir sehen an den Gesichtern der andern, wie viel reifer und cooler wir selbst geworden sind. Gemeinsam können wir zurückblicken und uns über alte Zeiten freuen und gemeinsam darüber lachen, was wir so alles angestellt haben. Und ganz besonders auch über die jungen Dinger, die heute genau die gleichen Fehler machen und genauso verblendet sind, wie wir es damals waren. Auch wenn wir sie zu gern warnen würden, wissen wir ganz genau, dass jede ihre Erfahrungen selbst machen muss, egal, wie hart diese sind. Wir hätten uns schließlich damals auch nichts erzählen lassen. Also spielen wir die Weisen, die nur ihre Meinung sagen, wenn sie gefragt werden und ansonsten still beobachten und über alles kichern, wenn sie unter sich sind.

Und so kann man sich fast darauf freuen, dass es immer genauso weitergehen wird. Dass wir im Lauf der Zeit immer mehr an Reife und Weisheit gewinnen und immer klarer erkennen, worauf es im Leben, in der Liebe und in den Freundschaften wirklich ankommt. Alle Erfahrungen – die angenehmen genau wie die, die uns eher herausfordern – sind so wertvoll, dass wir für sie dankbar sind. Für die Fehler genauso wie für die vermutlich goldrichtigen Entscheidungen. Denn am Ende haben sie ja alle einen Sinn gehabt und uns zu den wundervollen Menschen gemacht, die wir heute sind. Wie wunderbar wir in ein paar Jahren und Jahrzehnten werden, ist also nur ganz schwer vorstellbar. Wir sind ja schließlich heute schon so großartig!

»Diese Frau kann für mich kein Vorbild sein,
weil sie sich weigert zu altern.
Es hat etwas Erbärmliches, wenn eine Frau
mit 50 sich an die Jugend klammert.«
CHARLOTTE ROCHE ÜBER MADONNA,
INTERVIEW IN ›DER SPIEGEL‹, 9/2008

Grund Nr. 108

Weil die beste Freundin dir sagt, wenn beim Styling etwas schiefgegangen ist

Brotkrumen und Spinatreste zwischen den Zähnen, verlaufene Mascara, sichtbare Schweißspuren, Pickelcreme im Gesicht – all das und noch viel mehr kann auch den Besten von uns mal passieren. Gerade dann, wenn es eigentlich ganz besonders darauf ankommt, dass wir so makellos wie möglich aussehen. Genau dann geht es manchmal vor lauter Nervosität schief. Dumm ist nur, wenn wir es nicht bemerken und uns dann so sehen lassen – gar nicht makellos. Auf einer Party, bei einem Bewerbungsgespräch oder, schlimmer noch, bei einem Flirt oder dem ganz besonders wichtigen Date.

Leider werden die meisten Menschen, denen du begegnest, dich nicht darauf aufmerksam machen, dass dein Lidschatten an deiner Stirn gelandet ist. Ob aus Schadenfreude oder aus falsch verstandener Höflichkeit, ist dabei nicht ganz klar. Aber ich habe schon erlebt, dass sogar die engsten Freunde und Familienmitglieder keinen Hinweis darauf liefern, wenn Mohnkörner oder andere hässliche Partikel die Zahnzwischenräume verzieren. Als könnte es als Beleidigung aufgefasst werden, was zu sagen, schweigen lieber alle und hoffen, dass dich ein anderer darauf aufmerksam macht oder du es zufällig selbst bemerkst. Ganz anders die beste Freundin. Die sagt: »Mach mal so« und demonstriert bei sich selbst, wo du dir etwas entfernen solltest, das da nicht hingehört. Oder zupft dir die eigenwilligen Haare wieder zurecht – was sie so ungefähr als Einzige darf, ohne vorher nachfragen zu müssen. Was sie natürlich trotzdem macht.

Und auch wenn es nicht das klassische Missgeschick wie ein hochgerutschter Rock oder eine laufmaschige Strumpfhose ist, die ihren Eingriff erfordert, sie sagt oder zeigt dir auch schnell und sehr deutlich, wenn du dich beim Outfit ein klein wenig oder total vergriffen hast. Sie wird aber nicht nur motzen und dich verunsichern, sondern hat auch sofort einen Vorschlag parat, um das ganze Ensemble in Windeseile zu retten. Wenn sie sich dafür spontan von einem Kleidungsstück oder Accessoire trennen muss, das sie gerade trägt, ist das alles gar kein Problem und wird sofort erledigt.

»Jede Info kann trivial sein,
es hängt vom Zusammenhang ab,
vom vorhandenen Wissens-Netz
und unseren Prioritäten.«

Vera Birkenbihl in ›Das innere Archiv‹

Grund Nr. 109

Weil die beste Freundin mit wenigen Handgriffen deine Frisur rettet

Haare sind ja immer so eine Sache, die man nicht gut im Auge behalten kann, wenn man nicht gerade rundum von Spiegeln umgeben ist. Irgendwie muss man darauf vertrauen, dass schon alles so bleibt, wie wir es morgens mit mehr oder weniger Aufwand arrangiert haben. Zwischendurch wird gezupft und gezwirbelt, was das Zeug hält, aber ob die Frisur letztendlich richtig sitzt und unsere ganze Schönheit angemessen zur Geltung bringt, können im Grunde nur die anderen sehen. Vor allem von hinten lässt sich das alles nur schwer überprüfen.

Bei mir und meiner Frisur kann leider so einiges schiefgehen oder sich im Lauf der Zeit negativ verändern, ohne dass ich das unbedingt mitkriege. Von irgendwelchen komischen Fusseln, die auf meinem Afro landen und von mir nicht gesehen werden, bis zu Dellen, wenn ich mich an eine Wand oder an ein Kissen gelehnt hab und vergesse, alles wieder in Form zu bringen.

Sieht dann erst mal nicht so gut aus. Sieht auch nicht gut aus, wenn ich meine Haare glatt gegelt habe und sie irgendwo wieder anfangen, sich zu kringeln – natürlich auf einer Seite mehr als auf der anderen. Es hilft dann doch weiter, wenn man einen dezenten Hinweis kriegt. Meine beste Freundin weiß, dass sie mir das zeigen oder sagen soll und nicht einfach mal beherzt reingreifen, wie so viele übergriffige Leute das so gerne tun. Ich schwöre, der nächste Mensch, der ohne mein Okay meine Haare berührt, kriegt von mir einen Finger in seine Nase gesteckt. Das ist mindestens so unverschämt und eklig. Aber ich schweife ab.

Denn meine Freundin darf nach Vorankündigung in meine Haare greifen und alles ausbügeln, was sich da selbstständig verändert hat. Und sie hat das sogar richtig gut drauf. Vielleicht stelle ich sie mal als meine Stylistin ein. Sie könnte damit locker eine ganze Menge Geld verdienen. Aber solange ich für so etwas kein Budget habe, macht sie das gerne gratis. Ist alles in der Freundschaft inbegriffen.

»Es kann zuweilen von einigem Nutzen sein,
an den Haaren gezogen zu werden.«
KNUT HAMSUN IN ›PAN‹

Grund Nr. 110

Weil die beste Freundin vor Rührung weint, wenn du wie eine Prinzessin aussiehst

Ja, ja, natürlich wollen wir nicht alle Prinzessinnen sein und geben uns mitunter extra hart, damit man uns nicht für eine Tussi hält. Trotzdem gibt es da fast immer diese Seite in uns, die es genießt, sich mal richtig rauszuputzen und sich als Schönste von allen zu fühlen.

Und auch wenn man Frauen eine gewisse Stutenbissigkeit und eine Neigung zum Neid nachsagt – vor allem dann, wenn andere besonders attraktiv aussehen –, existieren da große Ausnahmen. Denn unter besten Freundinnen darf es so etwas nicht geben. Tut es auch nicht. Und wenn, dann jedenfalls nur für einen Sekundenbruchteil. Denn im Grunde freust du dich doch darüber, wenn sie wunderschön aussieht. Da trägt man ja sogar gerne zu bei und hilft beim letzten Schliff. Und wenn alles fertig ist, kann man nicht anders, als so richtig vor Freude auszuflippen und ein Foto zu machen, um diesen besonderen Moment festzuhalten.

Sie macht das mit dir ja schließlich auch so. Und freut sich wie ein kleines Kind, wenn du aussiehst, als müsste man dich gleich feierlich krönen.

Meine beste Freundin scheint es zu lieben, mich für einen besonderen Anlass zu betüddeln, bis sie der Meinung ist, dass jetzt alles ganz perfekt aussieht. Da fährt sie wirklich zur Höchstform auf und ist total in ihrem Element. Obwohl sie in ihrem normalen Alltag völlig andere Dinge macht und nichts mit dem Aufhübschen von Leuten zu tun hat. Vielleicht sollte sie ihre Karriereplanung noch einmal überdenken. Denn zu sehen, wie sie sich am Ende freut, ist so ansteckend, dass ich mein eigenes Grinsen gar nicht mehr loskriege. Und damit dann noch ein Stück besser aussehe. Vielleicht nicht mehr wie eine Prinzessin, aber doch zumindest verdammt fröhlich. Und das ist dann ja wirklich attraktiv.

»Es ist immer bezeichnend,
was einer bewundert: das, was er kann,
oder das, was er nicht kann.«
HEINRICH WOLFGANG SEIDEL IN
›AUS DEM TAGEBUCH DER GEDANKEN UND TRÄUME‹

Grund Nr. 111

Weil die beste Freundin sich eine tolle Frau wie dich ausgesucht hat

Meine beste Freundin ist ziemlich großartig. Großartiger als all die anderen Frauen, die mir in meinem Leben bisher begegnet sind. Und deswegen ist sie noch nicht einmal sonderlich eingebildet, was sie gleich noch mal ein Stück sympathischer macht. Das Schöne ist obendrein noch, dass nicht nur ich von ihr begeistert bin, sondern sie auch von mir. Also können wir uns beide tierisch glücklich schätzen, weil wir uns begegnet sind und uns entschieden haben, die Herausforderungen des Lebens gemeinsam zu meistern. Und die tollsten Momente zu erleben. Den Spaß und das Glück. Und auch die Trauer in all den Situationen, in denen das Leben uns mit einem Verlust konfrontiert.

Ich behaupte ja oft, dass kein Mensch mich jemals so lange kennen wird wie mein großer Bruder. Stimmt natürlich auch. Aber andererseits wird mich kein Mensch jemals so gut kennen wie meine beste Freundin. Und gerade deswegen bleiben wir auch zusammen. Nicht weil wir die gleichen Gene haben, sondern weil wir uns aufrichtig lieben.

Schön ist außerdem, dass wir uns nicht nur im Stillen darüber freuen, sondern uns auch immer wieder sagen oder zeigen, dass und warum wir uns so gerne haben und warum wir daran arbeiten wollen, immer weiter so ein unschlagbares Team zu bleiben. So kommen gar nicht erst Zweifel an unserer Freundschaft auf. Und falls doch, reden wir einfach darüber. Das können wir nämlich richtig gut. Und dafür bin ich dankbar.

Ich bin mir ziemlich sicher, dass auch du mindestens eine Frau in deinem Leben hast, mit der du alle deine Geheimnisse teilst. Vergiss bitte nicht, ihr ab und zu auch zu verraten, wie wichtig sie für dich ist und wie gerne du Zeit mit ihr verbringst. Es würde mich sehr überraschen, wenn sie dir nicht mindestens genauso schöne Dinge zu sagen hätte. Und das könnt ihr dann eigentlich auch mal ganz bewusst zelebrieren.

»Die eine, die eine oder keine, für keine andere Frau ging ich lieber in den Bau und keiner anderen Frau trau ich mehr über den Weg, es gibt keine andre Frau, mit der ich mich lieber schlafen leg.«

Die Firma in ›Die Eine‹

Danke an ...
... Nadine, Patricia, Sharon, Sonia, Agatha, Yolander, Silkata, Chris, Angela, Beatrice, Adilia, Barbara, Petra, Nicola, Gitty, Beatrace, Asha, Massoma, Yagi, Yorda, Djenna, Sonja, Marian, Love, Bergitta, Oumou, Akosua, Sandrine, Manuela, Sigrid, Priscilla, Linda, Eunice, Desiree, Melba, Sukran und all die wunderbaren Frauen, die mein Leben zu so einem wahnsinnig wunderbaren Erlebnis machen! Danke für die Inspirationen, das Sparring, die Herausforderungen und die guten Zeiten!

Die Autorin

Victoria B. Robinson wurde 1980 als Kind amerikanisch-deutscher Eltern in Nürnberg geboren. Sie verbrachte ihr erstes Lebensjahr in den USA und wuchs in Deutschland auf, wo sie später Amerikanistik und Jura studierte. Heute lebt sie als Journalistin, Autorin und Poetess in Hamburg. Bei Schwarzkopf & Schwarzkopf und ANAIS sind bereits ihre Bücher *111 Gründe, Männer zu lieben* und *Schanzen-Slam* erschienen. *www.victoriarobinson.de*

Victoria B. Robinson
111 GRÜNDE, EINE BESTE FREUNDIN ZU HABEN
»Ich bin so froh, dass es dich gibt« –
Eine Lobeshymne auf die bedingungslose Freundschaft

ISBN 978-3-89602-960-7

Katalog
Wir senden Ihnen gern kostenlos unseren Katalog.
Schwarzkopf & Schwarzkopf Verlag GmbH
Kastanienallee 32, 10435 Berlin
Telefon: 030 – 44 33 63 00 | Fax: 030 – 44 33 63 044

Internet | E-Mail
www.schwarzkopf-schwarzkopf.de
info@schwarzkopf-schwarzkopf.de